영어
낭독 훈련에
답이 있다

박광희 · 심재원 지음

영어 낭독 훈련에 답이 있다

사람in
saram in com

차례

Prologue 스피킹 콤플렉스, 이제 극복할 수 있다! · 7

1 영어 낭독 입문하기

Chapter 1 입 여는 영어, 왜 못할까? · 15
지긋지긋한 스피킹 콤플렉스, 벗어날 방법은 없는가?
못하더라도 장래성이 있게 못해야 한다
한국은 ESL이 아니라 EFL 환경이다
'섀도우 스피킹'이 우리 현실에 맞는 대안이다

Chapter 2 영어 낭독 교재 선택하기 · 24
수준에 맞는 영어 낭독 교재를 선택하라
영어 낭독 훈련을 위해 최종 선정된 '레인보우 낭독 교재'

Chapter 3 영어 낭독 실천 · 평가하기 · 37
낭독 연습 후 녹음은 어떻게 할까?
낭독 녹음을 평가해 줄 선생님이 있다면 얼마나 좋을까?
체계적으로 낭독 연습을 할 수 있는 공간이 많아져야 한다

Chapter 4 낭독 코치 정하기 · 43
낭독 코치의 도움으로 영어 낭독 마라톤 완주하기
낭독 코치 정하기
쉬어가기 '한국적 영어환경(EFL)'에 맞는 영어 스피킹 학습법

2 영어 낭독 공부하기

Chapter 1 영어 문장을 유창하게 읽으려면? · 55
영어 낭독의 필요성 1. 소리로 듣는 영어, 입 여는 영어가 중요하다
영어 낭독의 필요성 2. 읽기 교육을 돕는 데 필요하다
영어 낭독의 필요성 3. 유창성을 높이는 데 필요하다
영어 낭독의 효과 1. 두려움 극복, 자신감 회복
영어 낭독의 효과 2. 스피킹 능력으로의 전이
영어 낭독의 효과 3. 영어 학습 전략의 예측
쉬어가기 유창성 측정 방법

Chapter 2 효과적인 영어 낭독 훈련 방법들 · 76

영어 낭독 훈련 방법 1. Paired Reading(함께 낭독하기)
영어 낭독 훈련 방법 2. Choral Reading (단체로 낭독하기)
영어 낭독 훈련 방법 3. Repeated Reading (반복해서 낭독하기)
영어 낭독 훈련 방법 4. Recorded Text Reading (녹음 자료로 낭독하기)
영어 낭독 훈련 방법 5. Performance Reading (무대에서 낭독하기)
영어 낭독 훈련 방법 6. Read Around (돌아가며 낭독하기)
영어 낭독 훈련 방법 7. Discovery Reading (찾으며 낭독하기)
낭독 훈련 방법을 복합적으로 활용한 한국형 낭독 수업 모델은?
쉬어가기 낭독 연습 시 피해야 할 방법도 있다

Chapter 3 긴 문장을 매끄럽게 낭독하는 요령 익히기 · 94

문장이 길어지는 이유가 뭘까?
영어 문장은 어떻게 구성될까?
덩어리 개념을 익히면 쉬워진다
긴 문장 낭독 요령, 덩어리 읽기 익히기
쉬어가기 문법을 알면 더 쉬운 덩어리 끊어 읽기

Chapter 4 영어 낭독 평가 방법은 왜 알아 두어야 하는가? · 122

Pronunciation 평가 : Word Stress, 발음 강세 관련
Pause 평가 : Thought Group, 사고 단위 관련
Rhythm 평가 : Content/Function Words, 내용어/기능어 관련
영어 낭독 평가 항목의 필요성
영어 낭독 평가 항목 설정
쉬어가기 스피킹을 위한 영영사전 활용 가이드

Chapter 5 다른 사람의 영어 낭독 체험을 자기 것으로 만들어라 · 148

국내 최연소 토익 만점자의 영어 낭독 훈련
영어 낭독 훈련에 100일 동안 집중하면 달라진다
영어 낭독 훈련의 효과를 높이는 방법
영어 낭독 훈련에는 '자기 감동'이 있다
쉬어가기 매일 외워보는 발음 7문장으로 입과 혀 근육 단련시키기

Chapter 6 포기하지 않고 꾸준히 실천하기 위한 방법을 찾아라 · 166

영어 학습의 사막에서 길을 헤맬 때 '영어 나침반' 찾기
영어 낭독 실천을 위한 무지개 액션 키
꾸준한 낭독 훈련의 실천은 성실한 내 삶의 증거

Chapter 1 영어 낭독 실천하기 · 189

영어 낭독 실천하기
Basic Level(초급)
Intermediate Level(중급)
Advanced Level(고급)

부록 영어 낭독 '코칭 매뉴얼' · 212

스피킹 콤플렉스, 이제 극복할 수 있다!

한국 사람이라면 누구나 영어로 인해 한 번쯤은 마음에 상처받은 기억이 있을 겁니다. 길을 가다가 외국인이 영어로 길을 물어올 때 말문이 막히기도 하고, 간만에 영어 좀 써먹어 볼 생각으로 해외여행에 나섰는데 뉴욕 찍고, 런던, 파리까지 즐겁게 누비기는 커녕 맥도널드에서 햄버거 하나도 속 시원하게 주문할 수 없어 자괴감이 느껴지기도 합니다. 또 요즘은 입사나 승진에도 영어 스피킹 시험 점수를 제출해야만 하는 경우도 많아졌고요.

사정이 이렇다보니 '영어 공부 좀 해야지!' 하고 학원에 들러 회화 수업을 끊거나, 원어민과 전화영어를 시작하지만 2주쯤 지나면 넘치던 의욕이 차츰 사그라지면서 흐지부지 옛 모습으로 되돌아가버리고 맙니다.

또 자신의 '영어 벙어리' 한(恨)을 풀려는 듯 자녀에게 CD도 사주고, 유명 영어 강사나 학원을 수소문하면서 극성을 떨어보지만 '약발' 보다는 오히려 아이와의 관계만 나빠지곤 합니다. 아이는 아이대로 주눅이 들고, 어른은 어른대로 이 지겨운 영어에 몸과 마음이 지쳐만 갑니다.

이런 한국인들의 고질적인 영어 스피킹 콤플렉스를 보면 알버트 아인슈타인의 말이 떠오릅니다.

"우리가 직면한 문제들은 우리가 그 문제를 발생시킬 때와 똑같은 사고방식으로는 풀 수가 없다."

'과연 원어민과 직접 대화하는 것만이 영어 스피킹의 해답인가?'

영어 스피킹 학습자라면 당연하게 여기는 사실입니다. 하지만 우리는 여기에 의문을 갖고 보다 한국적 현실에 맞는 영어 스피킹 교육의 대안을 모색하고자 현장에서 관찰과 연구를 계속해 왔습니다. 그 결과 대부분의 학습자들이 아직 원어민과 영어로 말할 준비가 되어있지 않다는, 중요하지만 많은 이들이 간과하고 있는 사실을 알게 됐습니다. 사실 원어민 선생님이 미국인인지 아닌지는 별 문제가 안 됩니다. 문제의 핵심은 자신의 영어 발음에 확신이 없고, 또 평소 입을 열어 영어로 말하는 연습을 거의 해본 경험이 없는 학습자가 원어민과의 대화에 곧장 내몰리는 잘못된 스피킹 교육 현실 때문입니다. 말하자면 '훈련' 없이 '실전'에 바로 투입되는 운동선수와 같은 셈이지요. 그러니 원어민과의 실전 상황에서 제대로 된 스피킹 실력을 발휘할 수가 있겠습니까?

이제 스피킹하면 원어민과의 회화 수업을 먼저 떠올리는 고정관념을 깨야 할 때가 되었습니다. 영어가 단지 외국어인 한국적 상황에서 영어 스피킹 학습의 잃어버린 고리missing link는 바로 '스피킹 기본기 쌓기'입니다. '원어민과의 회화는 스피킹 기본기를 쌓고 난 후에 행하는 실전 연습이다'라고 생각하는 사고의 전환이 필요합니다. 무턱대고 원어민과의 회화를 시작하기에 앞서 '영어 낭독 훈련'을 통해 정확하고 유창한 발음과 자연스러운 영어 리듬 감각부터 익혀야 합니다. 영어의 고수라 불리는 동시 통역사들도 이 감각을 유지하기 위해 낭독 훈련을 지속적으로 실천하는데 일반 학습자들은 두말해서 무엇하겠습니까.

영어, 낭독 훈련에 답이 있다!

영어 스피킹을 잘한다는 것은 무엇을 의미할까요? 아마도 유창하게 말하기, 즉 막힘없이 술술 말하는 것이라는 데에는 대부분 동의할 것입니다. 그렇다면 유창하게 말하기 위해 꼭 갖춰야 할 '스피킹 기본기'란 어떤 것을 말할까요?

조금 학술적으로 얘기하자면, 영어에 대한 어휘 수준이 어느 정도 갖춰져 있어 무의식적으로 이해할 수 있는 어휘 sight words 가 풍부하며, 자연스럽게 발성과 속도를 조절할 수 있고, 적절하게 의미 단위로 끊어 말하기 phrasing 를 할 수 있는 능력을 말합니다.

이 스피킹 기본기는 어떻게 기를 수 있을까요? 바로 자신의 리딩 reading 이 아닌 스피킹 speaking 수준에 맞는 영어 책을 골라, 원어민이 녹음한 자연스런 발음을 들으면서 큰 소리로 따라 말하기 훈련을 끈기 있게 실천해야 합니다. 이런 훈련을 보통 외국어 교육에서는 섀도우 스피킹 shadow speaking 이라고 부릅니다. 조금 구체적으로 설명하자면, 섀도우 스피킹이란 원어민이 말하는 것을 들으면서 그림자 shadow 처럼 따라 말하는 일종의 '낭독 훈련'입니다.

먼저 영어 낭독 훈련을 통해 학습자는 어휘, 문법, 발음 등 영어의 모든 요소가 담겨 있는 정제된 문장을 반복적으로 소리 내어 읽음으로써 다양한 영어 표현을 자연스럽게 익힐 수 있습니다. 이와 더불어 연음, 축약, 생략, 첨가 등의 각종 발음 현상을 듣는 데 그치지 않고 직접 큰 소리로 읽는 연습을 통해 자기 것으로 만들 수가 있습니다. 유창한 발음은 직접 소리 내어 발음을 해봐야 비로소 자기 것이 됩니다.

또 영어 낭독 훈련을 통해 '영어식 사고의 흐름'을 체득하게 됩니다. 영어는 한국어와 어순이 반대여서 많은 학습자들이 은연중에 영어 어순을 한국말 어순으로 고쳐 거꾸로 해석하며 이해하는 이중 번역 습관을 갖고 있습니다. 하지만 낭독은 앞에서부터 뒤로 영어 어순대로 읽을 수밖에 없기 때문에, 낭독 훈련을 꾸준히 하게 되면 영어식 사고의 흐름을 자연스럽게 터득하게 됩니다.

100일 동안만 하루에 20분씩 영어 낭독 훈련을 쉬지 말고 해 보세요. 그러면 스스로도 놀랄 만큼 입이 열리고, 귀가 뚫리는 경험을 하게 될 것입니다. 자신감도 생길 것이고요. 레벨 테스트 같은 것을 굳이 보지 않더라도 실력 향상을 스스로 느낄 것입니다. 그리고 입이 슬슬 근질거리면서 원어민과 대화하고 싶다는 생각이 솟구칩니다. 바로 이때 전화 혹은 화상으로, 아니면 만나서 하는 원어민과의 회화를 시작하는 것이지요. 그래야 비로소 스피킹 실력 향상과 더불어 영어로 말하는 재미와 묘미를 느끼게 됩니다.

마지막으로 노파심에 한 가지 말씀드리고 싶은 것은, 영어 낭독 훈련이 스피킹 학습의 끝이 아니라는 것입니다. 기본기가 닦였다고 하산해 버리는 수련생이 어디 있겠습니까? 탄탄한 기본기 위에 자신만의 필살기로 무장을 해야지요. 아무리 영어 발음이 좋고, 리듬감이 있으면 뭐합니까? 결국 머릿속에 꺼내서 말할 수 있는 영어 문장과 화제들이 채워져 있지 않다면 큰 소용이 없습니다. 그릇이 준비가 되었으면 그 안에 내용물 또한 충실히 채워 넣어야 한다는 얘기입니다. 그래야 비로소 스피킹 학습이 완성되는 것입니다.

영어 낭독 훈련은 기본기를 다져 영어를 잘 할 수 있는 틀을 만들어 주는 것입니다. 이 기본기가 튼튼하다면 내용을 채워 넣는 일은 조금 더 쉽고, 재미있게 할 수 있을 것입니다.

부디 '영어 낭독 훈련'을 통해 지긋지긋한 영어 스피킹 콤플렉스에서 벗어날 수 있기를 간절히 소망합니다.

2009년 12월

박광희 · 심재원

영어 낭독
입문하기

Part 1

영어 낭독 훈련의 핵심은 유창하게 말하기 위한 스피킹 기본기(펀더멘털)를 다지는 것입니다. 실제 원어민과 말할 때 활용할 수 있는 대화체 문장들이 많이 수록된 영어 동화책을 가지고 섀도우 스피킹(따라 말하기)을 함으로써 우리말식 발음을 세탁하고 영어 본래의 발음을 새롭게 익히며 기본기를 다져가는 것입니다.

입 여는 영어, 왜 못할까?

부모 세대가 그랬던 것처럼 우리 아이들도 입 여는 영어에 익숙하지 않습니다.
예전보다 훨씬 듣기와 말하기를 강조해 입 여는 영어를 위한
학습을 해 왔는데도 결과가 그렇지요. 무엇이 문제일까요?
혹시 부모 세대의 잘못된 학습 방법을 우리 아이가
그대로 답습하고 있는 것은 아닐까요?

지긋지긋한 스피킹 콤플렉스, 벗어날 방법은 없는가?

영어로 유창하게 말하는 꿈을 꾸십니까? 우리 아이가 입 여는 영어에 익숙해지기를 원하십니까? 그렇다면 스피킹 기본기를 다져야 합니다. 기본기가 튼튼하면 못할 것이 없지요. 지긋지긋한 스피킹 콤플렉스, 스피킹 기본기를 튼튼하게 다져주는 영어 낭독 훈련으로 벗어날 수 있습니다.

청담어학원 대치 브랜치를 경영할 때의 일입니다. 강사들과 상담교사들이 모두 참석하는 회의 때 원어민 강사들에게 물어보았습니다. "여러분, 수업을 할 때 무엇이 가장 힘들던가요?" 그랬더니 "아이들 입 여는

것이 가장 힘들어요. 아무리 말을 시켜도 아이들이 좀처럼 입을 열지 않아요. 자기들끼리 있을 때는 그렇게도 잘 떠들던 아이들이 수업 시간에는 갑자기 침묵 모드로 돌변하는 거예요. 한국 아이들은 참으로 이해하기 어려워요"라고들 대답했습니다. 이번에는 한국인 상담교사들에게 물었습니다. "학부모들이 가장 질문을 많이 하는 게 뭔가요?" 모두가 "스피킹이에요!"라고 답했습니다. 그리고는 학원 수업만으로는 스피킹이 불안했던지 꽤 많은 학부모들이 전화나 화상으로 하는 영어 교육을 따로 시키는데 한 달도 채 안돼서 아이들이 싫증을 내고 말았다고도 했고, 스피킹에 대한 학부모들의 관심은 엄청났지만 뾰족한 대안이 없어서 모두들 답답해 한다고 했습니다.

어른, 아이 할 것 없이 누구나가 스피킹을 잘하고 싶은 마음은 이렇게 간절합니다. 그런데도 평소에 입을 열어 영어로 말하는 연습은 도무지 하려고 들지 않습니다. 그리고는 "원어민하고 매일 이야기할 수만 있다면……" 하고 원어민 타령을 늘어놓지요. 평소 영어 말문을 꽉 닫고 있던 사람이 원어민하고 대화를 한다고 갑자기 뭐가 달라질까요? 뿌린 대로 거두는 법입니다.

현재 영어 교육의 많은 부분이 학교가 아니라 사교육인 학원에서 이루어지고 있는 게 엄연한 한국의 현실입니다. 하지만 스피킹 교육만큼은 학원에서도 해결해 줄 수 없습니다. 자격을 갖춘 원어민 강사의 원활한 수급도 문제가 되지만, 수강료 규제 등으로 인해 현실적으로 소수 정원

제의 스피킹 수업을 운영하기란 거의 불가능합니다. 이에 전화나 인터넷을 이용하는 방법들이 대안으로 떠오르고 있지만 막상 현장에서 실행해 보면 학생들을 꾸준히 학습에 몰입하게 만들기가 정말로 어렵습니다.

이것이 한국 스피킹 교육 현장의 적나라한 모습입니다. 그럼 현실적인 대안은 과연 무엇일까요? 바로 원어민의 발음을 들으며 따라 말하는 새도우 스피킹shadow speaking을 방법론으로 한 영어 낭독 훈련을 통해 스피킹 기본기를 튼튼하게 다지는 것입니다. 그렇게 원어민의 발음을 듣고 따라 말하는 연습을 통해 정확하고 유창한 발음을 익히고 자연스러운 영어 리듬 감각을 먼저 습득해야 합니다. 일단 발음에 자신감이 생기고 영어 리듬감에 익숙해지면 문장을 의미 단위meaning unit로 파악할 수 있게 되면서 원어민과 대화를 해보고 싶은 마음이 불쑥 솟아납니다. 이때 원어민과 회화를 시작하는 겁니다. 이렇게 스피킹 기본기를 쌓고 난 후에 원어민과 회화 학습에 들어가면 두 배, 세 배의 효과를 얻을 수 있습니다. 또 한 가지 영어 낭독 훈련의 장점은 원어민이 없더라도 자기 의지만 있다면 얼마든지 혼자 해 나갈 수가 있다는 점입니다. 원어민 타령은 핑계에 불과합니다. 이러한 영어 낭독 훈련은 아이들뿐만 아니라 영어를 다시 시작하려는 성인들에게도 꼭 필요합니다.

이쯤에서 생각해 봅시다. 여러분은 영어를 왜 공부하나요? 우리 아이가 영어를 왜 잘해야만 할까요? 시험에서 높은 점수를 얻어 입학을 하거나 취직하기 위해서요? 그 다음은요?

우리가 영어를 배우려는 궁극적인 목적은 '영어를 무기로 사용하기 위함' 입니다. 자기가 가진 생각과 지식을 영어로 설득력 있게 표현할 수 있어야만 하지요. 내가 하고 싶은 말을 상대방이 이해할 수 있도록 말하는 것, 바로 의사소통이 되어야만 합니다. 그러려면 코앞의 시험 성적에 연연하기보다는 스피킹 잠재력을 키워야 한다는 결론이 나옵니다. 더욱이 요즘은 국제적으로 공인된 영어 시험들이 대개 말하기Speaking 항목을 포함하고 있어서 스피킹 기본기가 없는 사람은 좋은 점수를 기대할 수조차 없습니다.

엄마 뱃속에서 태어난 아이는 몇 개월만 지나면 입으로 옹알옹알 말하기 연습을 시작합니다. 그러다 얼마 지나지 않아 엄마, 아빠를 부르고 어느새 유창하게 말하게 되지요. 한번 입이 열리기 시작하면 잠시도 쉬지 않고 말할 수 있게 돼요. 영어도 마찬가지입니다. 입이 먼저 열리면 우리가 그토록 원하는 토익TOEIC이나 토플TOEFL 시험 점수와 취직을 위한 영어 인터뷰 등의 문제가 자연스레 해결됩니다.

이 책을 쓰는 목적을 다시 명확히 하고 넘어가야겠습니다. 이 책에서는 영어 낭독 훈련의 중요성을 강조합니다. 영어 낭독 훈련의 핵심이 유창하게 말하기 위한 스피킹 기본기를 다지는 것이니까요.

지긋지긋한 스피킹 콤플렉스, 이제 벗어날 때도 됐습니다. 포기했던 영어 공부, 영어 낭독 훈련으로 다시 시작하세요. 아이의 영어, 학원만 믿지 말고 영어 낭독 훈련으로 기초를 튼튼하게 다져 주세요. 입 여는 영어, 영어 낭독 훈련 속에 길이 있으니까요.

못하더라도 장래성이 있게 못해야 한다

'왜 공부를 해도 스피킹 실력이 늘지 않을까?'

아마 영어 공부를 해 본 사람이라면 누구나 가져본 고민일 겁니다. 많은 사람들이 자신의 스피킹 실력이 변변치 못한 이유를 '나는 외국어에 소질이 없나봐…….' 하고 재능 탓으로 돌리지요. 핑계에 불과합니다.

음악에 재능이 없으면 노래방에도 못 가나요? 재능이 없어도, 조금 못하더라도 노래방에서 즐겁게 노래를 부를 수 있듯이, 외국어에 소질이 없어도 스피킹을 못하라는 법은 어디에도 없습니다. 영어로 의사소통 정도를 하는데 재능을 탓하는 것은 자기합리화일 뿐이지요. 문제는 외국어에 대한 '재능'이 아니라 외국어 공부를 하는 '방법'에 있습니다.

많은 사람들이 '언젠가는 쨍하고 볕들 날이 오겠지' 하는 막연한 믿음을 갖고 우직하게 스피킹 공부를 하는 경향이 있습니다. 하지만 스피킹이라는 것이 무조건 열심히 한다고해서 되는 것은 아닙니다. '꼴찌와 일등의 차이는 공부 방법 때문이다'라는 말이 있듯이 스피킹을 잘하기 위해서는 우선 학습 방법이 효과적이어야 합니다. 열심히 하는 것은 그 다음이고요.

스피킹은 못하더라도 장래성 있게 못해야 합니다. 다시 말하면 비록 지금은 스피킹 실력이 별 볼일 없지만 꾸준히하면 앞으로는 잘할 수 있다는 확신이 들어야 해요. 그러기 위해서는 지금 실천하고 있는 스피킹 학습법이 효과적이어야만 합니다.

한국은 ESL이 아니라 EFL 환경이다

우리가 처한 영어 사용 및 교육 환경부터 짚어볼까요? 지금까지 교실을 벗어나서 영어를 실제로 사용해본 적이 얼마나 될까요? 아마 한 번도 외국인과 영어로 대화를 나눠본 적 없는 사람들이 수두룩할 겁니다. 이처럼 영어를 실생활에서 거의 사용하지 않은 채 단지 외국어로 영어를 배우며 사용하는 환경을 EFL English as a Foreign Language 환경이라고 합니다. 반면 영어를 공용어 수준의 제2언어로 배우며 사용하는 환경을 ESL English as a Second Language 환경이라고 하고요. 우리나라를 비롯해 일본, 중국 같은 나라들이 EFL 환경에서 영어를 배우고 사용하는 나라들이고, 싱가포르, 홍콩, 말레이시아 등은 ESL 환경에 속한 나라들입니다.

미국, 영국, 캐나다, 오스트레일리아, 뉴질랜드와 같이 영어를 모국어로 사용하는 나라들이 ESC English-Speaking Country 환경이지요.

따라서 같은 비영어권 국가라도 영어를 배우는 환경이 EFL이냐, ESL이냐에 따라 교육 방법이 다를 수밖에 없습니다. 그 차이가 가장 두드러진 분야가 바로 스피킹입니다. 아무래도 ESL 환경의 스피킹 교육은 일상생활에서 영어를 듣고 말할 기회가 많기 때문에 기본기를 강조하기보다는 내용에 비중을 두는 편입니다. 하지만 교실 문밖에서는 영어로

Native Speaker
ESC 환경 (예: 미국, 영국, 캐나다)
▼
Near-Native Speaker
ESL 환경 (예: 싱가포르, 홍콩)
▼
Trained Speaker
EFL 환경 (예: 한국, 중국, 일본)

말할 기회가 거의 없는 EFL 환경에서는 '어떻게 하면 멋진 내용으로 영어로 말할 것인가'를 따지기보다 억지로라도 입을 열어 영어로 소리 내어 말하는 연습, 즉 스피킹 기본기를 갈고 닦는 일이 우선입니다. 그 다음에 스피킹의 알맹이를 채우는 것입니다. 그런데 스피킹 기본기 다지기는 건너뛴 채 내용 학습에 열을 올리는 이들이 많습니다. 그렇기 때문에 막상 원어민과 대화할 기회가 주어져도 결과가 신통치 않은 거예요. 스피킹 실력이 조금 느는가 싶다가도 금방 한계에 부딪힐 수밖에 없는 것이고요.

'섀도우 스피킹'이 한국적 현실에 맞는 대안이다

어떻게 하면 펀더멘털, 즉 스피킹 기본기를 효과적으로 익힐 수 있을까요? 자기의 스피킹 수준에 맞는 영어 동화책을 가지고 '섀도우 스피킹shadow speaking'으로 영어 낭독 훈련을 끈기 있게 실천해 보는 거예요. 여기서 섀도우 스피킹이란 원어민이 말하는 것을 들으면서 그림자shadow처럼 따라 말하는 학습법인데, 청취력을 향상시키고 유창하게 말할 수 있는 능력을 개발하는 데 큰 도움이 됩니다. 이 섀도우 스피킹 학습법은 유아들이 부모가 반복해서 말하는 것을 들으면서 옹알거리는 과정을 통해 말문이 트이는 것에서 아이디어를 얻어 영어 스피킹 교육에 접목시킨 것입니다.

영어 낭독 훈련의 핵심은 실제 원어민과 말할 때 활용할 수 있는 대화체 문장들이 많이 수록된, 엄선된 영어 동화책을 가지고 새도우 스피킹을 함으로써 우리말식 발음을 세탁하고 영어 본래의 발음을 새롭게 익히며 유창하게 말하는 연습을 하도록 하는 것입니다.

어느 정도 익숙해지기 전까지는 소리 내어 영어 문장을 따라 말한다는 것이 스스로도 매우 어색하게 느껴지겠지만, 그 고비를 넘어서면 발음에 자신감이 생기면서 스피킹에 대한 공포심과 콤플렉스가 서서히 사라질 거예요. 그런데 많은 학습자들이 바로 이 고비를 제대로 못 넘기고 도중에 포기하기도 합니다. 끈기를 가지고 이 고비를 극복한 사람들은 마침내 스피킹 콤플렉스에서 해방되는 성취감을 맛보게 될 것입니다.

'요즘 같은 시대에 이렇게 한가하게 연습해서 쟁쟁한 영어권 인재들이나 유학파들과 경쟁할 수 있을까?'

만약 이런 의문을 품고 있는 사람이 있다면 반기문 유엔 사무총장이 어떻게 영어를 공부했는지 기억해 볼 필요가 있습니다.

반총장의 학창 시절에는 영어 교과서 외에는 영어로 된 책을 구경하기도 쉽지 않았어요. 중학교 때 처음으로 영어를 접한 반총장은 교과서의 단어와 문장을 쓰고 큰 소리로 읽으면서 암기하는 '동시 영어 학습법'을 활용했다고 합니다. 자꾸 입으로 내뱉는 연습을 반복하다 보니 자연스레 암기도 될 뿐 아니라 말하기 연습에도 아주 효과적이었고요. 이렇게 익힌 영어는 반총장이 비스타 장학생으로 미국 백악관에 견학을 갔을 때 빛을 발했지요. 그리고 학창 시절에 많은 영어 문장과 표현을 큰 소리로 읽고 외우면서 쌓은 실력이 지금 국제무대에서 고급 영어를 구사할 수 있는 기초가 되었다고 스스로 털어놓은 바 있습니다.

우리말 속담에 '가랑비에 옷 젖는다'는 말이 있는데, 반총장은 매일 큰 소리로 읽고 외우는 '영어 가랑비'에 흠뻑 젖었기에 유엔 사무총장 자리에 올랐고, 지금처럼 고급영어를 구사할 수 있게 된 거예요. 그것도 열악하기 그지없던 EFL 환경에서 말입니다. 이것이 바로 돈 버는 영어의 생생한 모범 사례입니다.

솔직하게 생각해 보세요. 그동안 돈 버는 영어를 했는지, 아니면 돈 쓰는 영어를 했는지 말입니다. 자기의 지식과 아이디어를 설득력 있게 영어로 전달하는 능력이 있느냐는 것으로 판단하면 됩니다. 따라서 돈 버는 영어의 핵심은 바로 스피킹 능력이 되겠지요.

이 학원 저 학원, 이 책 저 책 그리고 CNN 방송과 MP3 자료를 오가며 스피킹 공부에 방황하고 있는 우리의 모습을 되돌아보아야 할 때입니다. 중요한 것은 '실천'입니다. 영어 낭독 훈련의 장단점을 머리로 따질 시간이 있다면 그 시간에 한 번이라도 더 스스로 입을 열고 실천을 해보세요. 아마 스피킹 실력에 서서히 변화가 몰아치면서, 여러분의 삶이 변하기 시작할 것입니다.

Stop thinking, start acting!

작심삼일로 끝날 것 같다고요? 그렇다면 작심삼일을 되풀이해서라도 돈 버는 영어를 할 수 있게 될 그날까지 도전해 보기를 바랍니다.

Chapter 2
영어 낭독 교재 선택하기

리딩 실력을 스피킹 실력으로 착각하면 안됩니다.
잘못하면 스피킹이 아니라 리딩 공부만 실컷 해 버리고 말 테니까요.

수준에 맞는 영어 낭독 교재를 선택하라

요즘 영어 교육 현장, 특히 어학원에서 쓰고 있는 스피킹 교재들을 보면 영어를 제2언어로 배우는 ESL 환경에 적절한 원서들이 많습니다. 심지어 영어권 유명 출판사에서 발행된 ESL 환경의 스피킹 교재를 사용해야 마치 본토 영어를 익히는 것으로 착각하는 이들도 있어요. 이런 교재들을 사용해 효과를 보려면 한 가지 전제 조건이 충족되어야만 합니다. 스피킹 기본기, 즉 펀더멘털이 튼튼해야 한다는 것이지요. 만약 스피킹 기본기가 튼튼하지 못하면 스피킹이 아니라 리딩 공부만 실컷 해 버리고 마는 엉뚱한 결과를 낳기도 하니까요. 실제로 이런 사람들이 한둘이 아닙니다.

우리나라에서는 시험 영어에 길들여져 자신의 스피킹 수준에 맞지 않는 교재를 가지고 공부하는 이들이 많습니다. 영어로 말할 때 사용하는 실제 문장이나 어휘 수준은 영어 동화책에도 훨씬 못 미치면서 '내가 어린이도 아닌데 웬 동화책?'이라는 편견이 가득합니다. 눈으로 읽는 '리딩'에 익숙한 이들이 말하기, 즉 '스피킹'도 같은 수준이라 착각해서 말하기 능력에 맞는 책이 아니라 독해 수준에 맞는 책을 고르는 경우가 많습니다.

EFL 환경에서 영어를 배우며 자란 대다수 한국인들이 실제로 영어를 구사하는 수준은 영어권 초등학교 고학년 학생들이 즐겨 읽는 동화책 수준을 넘어서지 못합니다. 그럼에도 주위 사람들에게 무시당하는 게 싫고 또 학원에서 권하니까 아무 생각 없이 자기 수준에 어울리지 않는 교재를 보란 듯이 가지고 다니면서 알맹이가 없는 스피킹 공부를 하는 겁니다. 그래서 영어 낭독 훈련을 시작하기 전에 이런 잘못된 교재 고르기부터 바로잡아 보려고 합니다.

영어 낭독 훈련을 위한 적절한 교재를 찾으려고 미국과 캐나다에서 한국인을 포함한 아시아권 학생들에게 영어를 가르친 경험이 풍부한 현지 영어 교사들을 여러 명 인터뷰하며 조언을 구했습니다. 이 원어민 교사들은 정규 학교 ESL 과정의 청소년뿐 아니라 성인 이민자까지 가르쳤고, 한국인들의 영어 학습, 그 중에서도 스피킹의 문제점을 정확히 파악하고 있었습니다.

이들이 한결같이 한국인들의 문제점으로 지적한 것은 리딩과 스피킹 실력 사이의 엄청난 갭gap이었습니다. 그리고 이를 줄이려면 영어권 초등학생들이 읽는 동화책을 매일, 꾸준히 읽는 것이 가장 좋은 방법이라고도 했습니다. 또 일부 원어민 교사는 전문 성우가 녹음한 오디오를 들으면서 동화책을 읽으면 훨씬 효과가 좋다는 충고도 해 주었습니다. 이렇게 자신들이 현장에서 겪었던 다양한 경험과 구체적인 방법들을 들려준 원어민 교사들의 조언을 바탕으로 영어 낭독 훈련 교재로 사용할 동화책 선정을 위해 다음과 같은 네 가지 기준을 세웠습니다.

첫째, 원어민이 책의 내용을 녹음한 오디오 자료가 있는지 확인할 것. 영어 동화책을 읽는 목적이 리딩이 아니라 스피킹이므로 반드시 CD 혹은 MP3 파일로 원어민의 발음을 들을 수 있어야 한다.

둘째, 대화체 문장의 비중이 최소한 20% 정도는 될 것. 스피킹 실력을 키우려면 서술체의 글만 읽는 것보다 적절한 대화가 포함되어 있는 영어 동화책이 훨씬 도움이 되기 때문이다.

셋째, 한두 명의 주인공이 번갈아 등장하며 새로운 스토리가 펼쳐질 것. 주인공이 매번 바뀌거나 한꺼번에 여러 명이 등장하는 동화책보다는 한두 명의 주인공이 번갈아 등장해 여러 사건들을 일으키는 것이 영어 낭독 훈련에 훨씬 효과적이기 때문이다.

넷째, 국내에서도 쉽게 구입할 수 있을 것. 아마존 같은 해외 서점을 이용하지 않더라도 국내 온·오프라인 서점에서 직접 책을 보면서 구입할 수 있어야 쉽게 실행으로 옮길 수 있기 때문이다.

이렇게 네 가지 기준을 세운 후, 거기에 맞는 영어 동화책들을 조사했습니다. 많은 책들 중에 해리 포터 시리즈를 출간한 스콜라스틱Scholastic을 비롯한 해외의 유명 아동물 출판사들의 리더Reader 및 챕터북Chapter Book 시리즈들이 기준에 가장 잘 맞았습니다. 1차 후보로 선정된 '낭독용 동화 시리즈 10'은 다음과 같습니다.

1. Hello Reader 시리즈 스콜라스틱(Scholastic) 출판사

미국 유치원 및 초등학교 읽기 교육과 연계하여 개발된 대표적인 읽기 교재 시리즈로 언어, 탐구, 과학, 사회, 수학 등 다양한 분야를 수준별로 나눠 단계화하였다. 또 전체 교재에 걸쳐 동일한 음가가 반복적으로 사용되어 책을 읽는 동안 간단한 파닉스Phonics 규칙을 스스로 익힐 수 있도록 구성된 것에도 주목했다.

2. I Can Read Book 시리즈 하퍼 트로피(Harper Trophy) 출판사

미국 초등학교 Reading & Literacy 과목에 가장 많이 소개된 동화책 중의 하나다. 작가마다 독특한 개성을 드러내 흥미롭고 다양한 주제 접근이 이뤄져 쉽고 재미있는 이야기로 엮은 단계별 창작 동화책이다.

3. Step into Reading 시리즈 랜덤 하우스(Random House) 출판사

책읽기를 처음 시작하는 유치원생부터 독서의 즐거움을 깨달아가는 초등학생까지 단계별로 다양한 읽을거리를 제공한다. 픽션과 논픽션 스토리들은 과학, 사회, 수학 같은 학교 교과과정과도 연계되어 통합읽기 프로그램의 역할도 한다.

4. Oxford Bookworm 시리즈 옥스퍼드 대학 출판사(Oxford University Press)

고전에서 추리소설 그리고 창작소설에 이르는 다양한 장르의 명작들을 EFL 환경의 학생들을 위해 쉽게 재구성했다. 뛰어난 문장으로 초급에서 고급 학습자까지 모두에게 권장할 만한 읽기 시리즈이다.

5. Penguin Young Readers 시리즈 펭귄(Penguin) 출판사

펭귄 리더스가 성인을 위해 제작한 교재라면, 펭귄 영 리더스는 그 주제나 내용이 5세에서 11세까지 영어 학습을 처음 시작하는 어린이들을 위하여 롱맨(Longman) 출판사와 공동으로 제작한 단계별 읽기 및 듣기 학습을 유도하는 교재이다. 특히 고전문학과 현대문학 그리고 순수 창작동화 세 가지 영역의 작품들을 고르게 접할 수 있도록 편성한 점이 돋보인다.

6. Usborne Young Reading 시리즈 어스본 출판사(Usborne Publishing)

픽션과 논픽션을 아우르는 생동감 넘치는 두 단계의 리더 시리즈로 어린이들이 스스로 읽기를 할 수 있도록 말풍선, 삽화 등을 사용하여 쉽고 재미있는 문장으로 풀어썼다.

7. Junie B. Jones 시리즈 랜덤 하우스(Random House) 출판사

6살 꼬마가 유치원과 초등학교 1학년을 거치면서 겪는 일상의 이야기를 그렸다. 학교생활과 관련된 친숙한 어휘들을 익힐 수 있으며, 다양한 상황을 에피소드별로 잘 드러내 읽는 재미를 더한다.

8. Magic Tree House 시리즈 랜덤 하우스(Random House) 출판사

주인공 잭과 애니의 흥미진진한 모험담을 통해 세계의 역사, 우주, 지구, 지리, 자연 등을 공부하게 되는 시리즈이다. 또 책 속에 다양한 지식과 생생한 생활영어가 풍부하게 담겨있어 아이들의 어휘력을 키우는 데 많은 도움이 된다. 저자가 직접 오디오 CD를 녹음한 것도 재미있다.

9. The Zack Files 시리즈 그로셋 앤 던랩(Grosset & Dunlap) 출판사

주인공 잭을 중심으로, 일상과 상상을 넘나드는 흥미진진한 이야기가 펼쳐진다. 편마다 펼쳐지는 독특한 상황은 독자의 시선을 사로잡는 요소 중 하나이다. 뿐만 아니라 잭이 만나는 인물들을 통해 색다른 각도로 세상과 인생을 바라보게 만든다. 그런 이유에서 아이들뿐 아니라 어른들에게도 적합한 교재이다.

10. Arthur Chapter Book 시리즈 리틀 브라운(Little Brown) 출판사

초등학생 아서와 친구들 그리고 가족들이 벌이는 다양한 상황 속 이야기들로, 작가의 개인적 경험이 반영된 에피소드들이 현실적으로 독자들의 공감을 불러일으킨다. 또 이해하기 쉬운 대화체 문장들이 자주 쓰여 책 읽는 부담을 한결 덜어준다.

영어 낭독 훈련을 위해 최종 선정된 '레인보우 낭독 교재'

1차 후보 목록을 작성한 후 평소 영어 낭독 훈련에 깊은 관심을 가지고 자문을 해주던 캐나다의 전직 교장 선생님께 보여드렸더니 "혹시 미국 대통령이 해마다 의회에서 하는 연설을 들어본 적이 있어요?"라는 물음과 함께 새로운 제안을 하시더군요.

"역대 미국 대통령들의 연설을 들어보면 성경을 인용하는 경우가 자주 있어요. 그 중 '잠언Proverbs'은 단골 메뉴예요. 대통령뿐 아니라 미국의 상류 엘리트 층에서는 잠언을 인용해 이야기하는 것이 그다지 낯설지 않아요. 그리고 자녀들에게도 잠언 암송을 적극 권하죠. 성경Bible은 영어의 뿌리잖아요? 그리고 요즘은 고리타분하고 딱딱한 문체가 아닌 다분히 일상적인 어휘로 쓰인 성경들도 많이 있어요. 그래서 말인데 잠언Proverbs을 낭독 교재에 포함시키면 어떨까요?"

잠언을 낭독 교재에 포함시키는 문제를 두고 많은 토론을 거쳤습니다.

'너무 기독교에 치우치는 것이 아니냐?'는 우려에서부터 '전 세계에서 지혜의 대명사로 불리는 잠언을 포함시킨다면 글로벌 시대에 적합한 프로그램이 될 것이다'는 주장까지 다양한 의견들이 나왔기 때문입니다. 잠언을 적극 지지하는 한 교사의 다음과 같은 발언이 교재를 선정하는 이들의 마음을 움직였습니다.

"영어는 우리에게 있어 하나의 수단이지 목표는 아니잖아요? 그저 영어를 위한 영어 공부란 뭔가 빠진 듯 허전한 느낌이 들어요. 여기에 잠언의 지혜를 채워 넣으면 그야말로 껍데기와 알맹이가 잘 어우러진 영어 스피킹 학습이 되지 않겠어요?

뉴스위크Newsweek 국제판 편집장이 예측하기를 앞으로는 지식을 넘어서 지혜의 시대가 될 것이라고 해요. 그래서 그런지 요즘 출판되는 책들을 보면 제목에 지혜라는 단어가 들어간 책들이 부쩍 많아졌어요. 그리고 대다수 미국과 캐나다 학교들도 'Wise, not Smart!'라고 외치고 있는데, '똑똑한 사람이 아니라 지혜로운 사람을 키우자!'는 것이지요.

제가 해외 생활을 하면서 느낀 것은 아무리 영어를 잘하더라도 현지인들과 대화의 공감대를 찾기가 쉽지 않다는 거였어요. 그런데 잠언은 사람들에게 호감을 주면서 공감대를 만들기에 아주 유용했어요. 특히 기독교 문화의 배경을 가진 북미와 유럽 사람들에게 잠언을 한 문장 읊어대면 굉장히 놀라워하면서 서서히 마음의 벽이 허물어지는 듯한 느낌을 받은 적이 한두 번이 아니고요.

지혜란 히브리 단어로 살아가는 기술이라고 해요. 유대인은 세계에서 IQ가 가장 높은 민족이 아니라 지혜가 가장 뛰어난 민족이에요. 그리고 성경의 잠언은 유대인들에게 지혜의 원천으로, 종교의 경계를 뛰어 넘어 모든 현대인들의 필독서가 된지 오래고요.

잠언을 가지고 영어 스피킹 학습을 하면 일석이조의 효과를 얻을 수 있어요. 스피킹 능력과 더불어 지혜를 덤으로 얻을 수 있으니까요."

결국 잠언을 최종 리스트에 포함시키기로 결정을 내렸지만 또 하나의 문제가 있었습니다. 수많은 영어 성경들 중 어느 것을 선택할 것인가 하는 것이었지요. 많은 사람들이 영어 성경이라고 하면 고리타분한 옛날 영어로 쓰인 책이라는 편견을 갖고 있음을 먼저 인정할 수밖에 없으니까요. 그래서 일상적인 어휘들로 쓰여 있으면서도 국제적으로 권위를 인정받는 성경, NLT New Living Translation Bible과 NIV New International Version Bible을 선택했습니다. NLT Bible과 NIV Bible은 모두 구어체와 실용적 요소를 많이 가미한 현대 감각에 맞는 영어로 쓰여졌기 때문이에요. 그 중 NLT Bible은 회화용, 그리고 NIV Bible은 작문용에 좀 더 가깝습니다.

고민 끝에 하나를 선택하기보다 NLT Bible, NIV Bible을 모두 선택하는 방향으로 의견이 모아졌습니다. 잠언으로 영어 동화책과는 다른 접근 방법을 시도해 보려는 의도였는데, 같은 내용을 NLT와 NIV의 다른 버전을 가지고 반복해 낭독 연습을 하는 거예요. 그러면 동일한 내용을 다르게 표현하는 감각을 자연스럽게 익힐 수 있고, 반복을 통해 스피킹 학습 효과가 자연스레 누적될 테니까요. 상당히 의미 있고 효과적인 시도가 될 것이라는 확신이 들었습니다.

그리고 잠언에 수록된 31장을 모두 낭독하기 보다는 주 1회, 10주 분량에 맞게 10장만 선별하면 진도 분량도 합리적인 것 같습니다. 또 기독교 신앙적 배경이 깔린 내용들을 가능한 솎아내고 누구에게나 통용될 수 있는 지혜로운 문장들을 선별할 수 있는 여유도 생기게 될 테니까요.

이렇게 잠언을 포함하자는 결정을 내리자, 1차 후보 교재 목록에서 다시 영어 낭독 훈련에 적합한 개별 교재들을 최종 선별하는 작업이 시작됐습니다.

먼저 몇 권의 책을 선정할 것인지를 결정해야 했습니다. 목표가 독서가 아니라 낭독임을 고려할 때, 교재의 권수가 너무 많아지면 낭독 훈련이라는 본래 취지에서 벗어날 수도 있습니다. 예컨대 일주일 동안 읽어야 할 책의 분량이 너무 많으면 여러 번 반복하여 큰 소리로 따라 말하는 낭독 훈련에 집중하지 못하고, 한두 번 입 속에서 우물거리며 건성으로 해치우는 낭독 훈련이 될 가능성이 높으니까요.

그리고 한 권의 교재를 하나의 레벨로 정하면서 훈련 기간을 얼마로 잡아야 할지를 고민했습니다. 영어 챕터북들이 보통 10개의 장으로 구성되어 있고, 매주 한 장chapter 씩, 500자 정도의 분량으로 일주일동안 반복 낭독하는 것이 적절하기 때문에 10주에 한 권씩 낭독하는 기본 방침을 세웠습니다. 또한 낭독훈련 교재가 챕터북들이 아닌 경우에도 한 레벨 당 10주가 적절한 이유는 "How are habits formed : Modelling habit formation in the real world(습관은 어떻게 형성 되는가: 실생활에서 습관 형성 모델, Philippa Lally, European Journal of Social Psychology 2009)"라는 연구 결과 때문입니다. 심리학계의 최근 잡지에 실린 이 논문에서 어떤 반복 노력이 습관화(자동화)되기까지 평균 66일이 걸린다는 보고가 있었습니다. 물론 사람마다 좀 차이가 있겠지만 스피킹 기본기 요소를 자기 것으로 만드는 데에는 약 10주(70일) 정도가 필요하다는 얘기입니다.

이렇게 하여 두 가지 잠언 영어 성경을 포함해 한 레벨 당 10주씩 총 7권의 영어 낭독 훈련용 교재를 선정하였습니다. 여기서 책을 7권으로 결정한 이유는 7이라는 숫자가 무지개를 연상케 하여 교재 리스트를 기억하는 데 도움이 될 뿐 아니라 낭독 교재의 수가 너무 많으면 '끝까지 해봐야지!'라는 결심을 하기가 어렵고, 또 도중에 지치거나 느슨해져서 포기할 가능성이 높기 때문입니다. 스피킹 기본기를 연마하는 데는 총 7권 정도가 적당해 보였고, 이름도 무지개의 일곱 빛깔을 연상케 하는 '레인보우 낭독 교재'라고 붙였습니다.

7권의 낭독 교재 리스트를 선정한 후, 다시 의견 수집 작업을 하였습니다. 이번에는 원어민 선생님 집단이 아니라 실제 교재를 사용할 한국인 학습자 집단을 대상으로 과연 교재 선정이 타당한지 그리고 개선할 점이 무엇인지 등을 꼬치꼬치 따져 보았지요. 눈길을 끄는 의견 두 가지가 있었습니다.

첫째, 성인 학습자들을 배려하여 동화책 이외에 참신한 성인용 교재를 추가하면 좋겠어요.

둘째, 교재 형태를 책이 아닌 프레젠테이션 스크립트로 하면 어떨까요?

스피킹 능력을 떠나서 성인 학습자들에게는 아무래도 영어 동화책을 교재로 삼는다는 것이 꺼려지는 모양이었습니다. 이해가 되기도 했습니다. 그리고 두 번째 제안은 매우 흥미롭고 또한 교재 선정을 준비하는 이들에게 발상의 전환을 할 수 있는 계기가 됐습니다.

사실 영어 공부를 오래 했어도 여러 사람 앞에서 영어로 프레젠테이션을 제대로 해 본 적이 없지요? 그런데 만약 낭독 교재를 책이 아닌 프레젠테이션 스크립트 형태로 만든다면 바로 이러한 문제점을 해결할 수 있겠다는 생각이 들었습니다. 그리고 이 영문 스크립트에 그림이나 사진 자료를 포함시킨다면 한 권의 멋진 프레젠테이션 미니북이 완성됩니다. 이 프레젠테이션 미니북을 가지고 낭독 연습을 반복하여 암송 단계에 이른다면 사람들 앞에서 영어로 직접 멋진 프레젠테이션을 해 볼 수도 있을 거고요. 쿨cool하지요?

아이디어는 아이디어를 부르는 법. 한 걸음 더 나아가 '잠언'을 낭독 교재로 채택할 때처럼 '같은 내용, 다른 버전'을 프레젠테이션 스크립트에도 적용해 보기로 했습니다. 동일한 프레젠테이션 내용을 영어로 두 가지 버전, 즉 쉬운 버전과 정상 버전으로 반복해 낭독 연습을 하는 겁니다.

그런데 이런 조건에 딱 들어맞는 프레젠테이션 스크립트를 구하기란 책과 달리 거의 불가능에 가까웠습니다. 그래서 결국 자체적으로 개발하기로 하고 원어민과 한국인이 적절히 섞인 스크립트 작업팀을 구성하였습니다. 이런 단계를 거쳐 최종 확정된 '레인보우 낭독 교재'는 다음과 같습니다.

6, 7단계에 해당하는 프레젠테이션 미니북은 직접 또는 원어민의 도움을 얻어 자신에게 맞는 내용으로 제작하거나 어렵다면 잠언을 교재로 이용하면 됩니다.

〈레인보우 낭독 교재 목록〉

단계	제목	기간
1	I Can Read Book 시리즈 (1) – Sammy the Seal	10주
2	I Can Read Book 시리즈 (2) – Danny and the Dinosaur	10주
3	Frog and Toad 시리즈 – Frog and Toad Are Friends	10주
4	Magic Tree House (1) – Dinosaurs Before Dark	10주
5	Arthur Chapter Book (1) – Arthur's Mystery Envelope	10주
6	· 프레젠테이션 미니북(low 버전) or · NLT 잠언 초이스(10장 엄선 – 회화체 버전) the Proverbs(잠언) – New Living Translation	10주
7	· 프레젠테이션 미니북(high 버전) or · NIV 잠언 초이스(10장 엄선 – 작문체 버전) the Proverbs(잠언) – New International Version	10주

※1, 2단계에서 2권을 10주로 한 이유는 아무래도 낮은 영어 레벨인 만큼 그림이 많고 글자는 적은 책의 내용적 특성을 고려했음.

영어 낭독 실천 · 평가하기

영어 낭독 훈련의 핵심은
말하기 연습 후에 이루어지는 녹음과 평가입니다.
그래야만 지속적이고 효과적인
실천이 가능하기 때문입니다.

낭독 연습 후 녹음은 어떻게 할까?

영어 낭독 훈련은 스피킹 수준에 맞는 낭독 교재를 선택해 규칙적으로 반복하여 따라 말하기 연습을 한 후 녹음을 하면, 그것을 누군가가 평가해 주는 방식으로 이루어집니다. 영어 낭독 훈련의 핵심은 말하기 연습 후에 이루어지는 녹음과 평가인 셈이지요. 바로 이 두 가지 요소가 있어야 비로소 지속적이고 효과적인 낭독 연습의 실천이 가능해지기 때문입니다. 그렇지 않으면 아무리 굳게 결심을 했어도 중간에 흐지부지되고 마니까요.

영어 낭독 훈련의 두 가지 핵심 요소 중 녹음은 어떻게 하면 될까요? 녹음하기 전 낭독 연습 단계, 즉 낭독 교재에 딸린 오디오 CD나 MP3

> **1 오프라인**
> · 녹음 기능이 있는 CD 플레이어 사용하기
> · 녹음 기능이 있는 카세트 플레이어 사용하기
> **2 온라인**
> · 무료 녹음 프로그램을 다운받아 활용하기
> · 음성 게시판 서비스 제공 웹사이트 이용하기
> **3 절충형**
> · 보이스레코더로 녹음하고(오프라인)
>   컴퓨터 파일로 변환 저장해(온라인) 사용하기
>
> **세 가지 낭독 녹음 방법**

파일을 들으며 책의 문장들을 따라 말하는 연습은 교실, 도서관, 복도, 집, 자동차 그리고 심지어 길을 걸어가면서도 할 수 있습니다. 그러니까 굳이 컴퓨터 앞이 아니더라도 오프라인 공간 어디에서든 훈련할 수 있는 거예요.

하지만 낭독 연습을 마친 후 녹음을 하는 것은 녹음 기능이 있는 CD 플레이어나 카세트 플레이어 또는 보이스레코더 등이 있어야만 합니다. 좀 더 편하고 효율적인 방법은 인터넷을 이용한 온라인 공간에서 녹음을 진행하는 것인데 녹음 파일의 저장과 이동 편의성 때문입니다. 낭독 녹음을 평가해 줄 선생님이 가까이에 있다면 CD나 카세트 플레이어 또는 보이스레코더의 재생 기능을 이용해 얼마든지 들려줄 수 있습니다. 하지만 선생님이 먼 거리, 특히 외국에 있다면 낭독 녹음 파일을 온라인으로 전송해 들려줄 수밖에 없으니까 인터넷을 이용하면 편리합니다.

낭독 연습을 꾸준하게 실천하려면 누군가 나의 녹음을 평가해 준다는 전제가 있어야 가능한 일입니다. 그러기 위해서는 녹음한 것을 저장하여 자유롭게 파일을 이동시킬 수 있어야하니까 온라인 공간이 아무래도 효율적일 수밖에 없습니다.

온라인에서 낭독 녹음 문제를 해결할 수 있는 방법에는 어떤 것들이 있을까요? 가장 현실적인 방법은 무료 녹음 프로그램을 다운받아 활용하는 방법과 녹음과 저장이 동시에 가능한 음성 게시판 서비스를 제공하는 웹사이트를 이용하는 방법입니다.

포털 사이트에 '무료 녹음 프로그램'이라는 키워드로 검색해 보면 무료로 다운로드 받아 녹음과 재생이 가능한 프로그램들을 쉽게 찾을 수 있습니다. 대표적인 것이 '곰 녹음기'인데요, 공짜이지만 음질이 낭독 녹음용으로는 전혀 모자람이 없습니다. 컴퓨터에 마이크나 마이크가 딸린 헤드셋만 갖고 있다면 무료 녹음 프로그램을 사용해서 얼마든지 낭독 녹음을 하고 저장하여 나중에 들어볼 수 있습니다. 이렇게 녹음을 하면 녹음 내용을 이메일로 주고받는 것도 편리합니다.

또 다른 방법은 소프트웨어나 솔루션을 다운로드 받아서 설치하는 번거로운 절차를 거치지 않고 몇 번의 클릭만으로 녹음과 저장이 동시에 가능한 음성 게시판 서비스를 제공하는 웹사이트를 이용하는 것입니다. 하지만 아직 대다수 음성 게시판 서비스는 시스템과 서비스 측면에서 불안정한 면이 눈에 띄기도 했습니다. 처음부터 영어 낭독을 염두에 두고 개발된 것은 아니어서 약간의 불편은 감수해야만 합니다.

영어 낭독 훈련은 본인의 의지가 가장 중요합니다. 낭독 녹음도 본인이 사용하기에 가장 편리한 녹음 방법을 찾아 선택하면 됩니다.

낭독 녹음을 평가해 줄 선생님이 있다면 얼마나 좋을까?

영어 낭독 훈련에서 책과 CD를 보고 들으면서 따라 말하기 연습을 반복한 후 녹음을 하는 것까지는 스스로 해결할 수 있습니다. 하지만 평가 부분은 다릅니다. 스스로 평가할 수는 없고, 누군가 신뢰할 수 있는 사람이 녹음된 내용을 평가해 주어야만 합니다.

그런데 주위에서 평가해 줄 선생님을 찾기가 쉽지 않습니다. 발음 등 스피킹과 관련된 것을 평가하려면 아무래도 순수 국내파 영어 선생님이 하기에는 무리가 있기 때문이지요. 설사 그 선생님의 스피킹 실력이 원어민 수준에 가깝게 유창하다 할지라도 문제는 신뢰성의 확보입니다. 다분히 주관적일 수밖에 없는 낭독 녹음 평가의 경우, 이러한 신뢰 문제가 매우 민감할 수 있습니다.

물론 원어민의 낭독 녹음 평가가 국내파 선생님의 평가보다 정확하다고만 할 수는 없습니다. 개인의 영어 실력과 평가는 별개일 수 있으니까요. 실제로 스피킹 섹션의 채점 결과를 보면 평가의 신뢰도에 대해 근본적인 의문이 드는 경우도 적잖이 있습니다. 같은 학생이 한 달 간격으로 연속해서 토플TOEFL 시험을 보았는데 스피킹 섹션에서 점수 차이가 크게 나기도 합니다. 동일한 사람의 시험 결과라고 이해하기 힘들 정도로요. 물론 시험 당일 수험생의 컨디션과 스피킹 섹션 출제 내용에 따라 점수가 들쭉날쭉 할 수는 있지만, 점수 폭이 상식적으로 수용 가능한 범위를 훨씬 뛰어넘을 때가 있습니다. 이런 경우를 보면 아무리 토플TOEFL, 토익

TOEIC을 비롯해 '미국판 대입 수능 시험'이라고 할 수 있는 SAT를 출제하고 평가하는 ETS Educational Testing Service가 하는 것이라고 할지라도 근본적으로 평가 신뢰에 대한 회의가 들 수밖에 없습니다. 앞으로 우리나라도 학교 및 국가에서 주관하는 영어 시험에서 쓰기·말하기를 도입한다는데 이 평가 신뢰도의 문제를 어떻게 극복할지 걱정이 되기도 합니다.

누가 평가를 하든지 일종의 스피킹인 영어 낭독에 대한 평가 신뢰도의 문제는 앞으로도 얼마든지 논란이 될 수 있습니다. 평가를 받아들이는 학습자 입장에서는 아무래도 원어민의 평가에 좀 더 신뢰를 가질 수밖에 없습니다. 그래서 낭독 녹음 평가는 가능하면 원어민 또는 원어민에 준하는 영어 실력을 갖춘 선생님이 담당하는 게 바람직합니다.

하지만 현실적으로 이런 원어민 선생님을 주변에서 찾기가 쉽지는 않습니다. 그래서 처음에는 원어민 선생님만을 고집하느라 시간 낭비하지 말고, 차선책으로 학교 및 학원의 영어 선생님 또는 스피킹이 유창한 주위의 한국 분을 찾아서 부탁하는 것이 현명한 방법일 듯합니다. 평가가 조금 만족스럽지 못하다고 해서 낭독 훈련을 지속하는 데 절대로 큰 지장이 있는 것은 아니니까요. 우리가 영어 낭독 훈련을 하는 이유가 당장 시험 점수를 잘 받기 위함이 아니라 지속적인 낭독 연습을 통해 영어의 펀더멘털(기본기)을 다져가는 것이기 때문입니다.

체계적으로 낭독 연습을 할 수 있는 공간이 많아져야 한다

한국인들의 영어 교육, 그 중에서도 스피킹에 쏟아 붓는 엄청난 돈과 시간 낭비를 줄이려면 앞서 거듭 강조했듯이 '스피킹은 무조건 원어민과 만나서 얘기를 해야만 한다'는 고정관념에서 벗어나, 원어민과 대화할 기회가 주어졌을 때 제대로 실력을 발휘할 수 있는 스피킹 기본기 연마에 힘써야 합니다. 여기서 스피킹 기본기란, 정확하고 유창한 발음과 자연스러운 영어 리듬 감각을 익히는 것을 말합니다. 그리고 그것을 성취하기 위해 최소 비용으로 최대 효과를 얻을 수 있는 학습법이 바로 영어 낭독 훈련입니다.

한국인들을 영어 스피킹 콤플렉스에서 벗어나게 해주면서 동시에 소모적인 교육 비용을 줄이려면 저렴한 비용으로 학습이 가능한 영어 낭독 전문 홈페이지나 프로그램이 많이 나와야 합니다. 별도의 소프트웨어나 솔루션을 다운로드해서 설치하는 등의 번거로운 과정 없이 마우스 클릭만으로 녹음과 저장이 가능해야 합니다. 또 원어민 선생님과 한국인 ESL 전문가가 평가팀을 이루어 제공하는 영어 낭독 성적표를 받아 볼 수 있고, 지난 낭독 녹음들과 성적표들을 언제든지 비교해 볼 수 있는 곳이면 좋겠지요. 이를 통해 학습자들은 낭독 녹음 방법과 평가 선생님을 찾는 부담에서 벗어나 오로지 영어 낭독 연습에만 집중할 수 있도록 말입니다.

낭독 코치 정하기

낭독 코치는 중간에 포기하지 않고
영어 낭독 훈련을 꾸준히 실천하게
도와주는 역할을 해야 합니다.

낭독 코치의 도움으로 영어 낭독 마라톤 완주하기

많은 사람들이 온라인 영어 강의를 수강합니다. 직접 해보니 어땠나요? 할 만하던가요?

아마 적잖은 사람들이 중간에 흐지부지 끝내고 말았을 겁니다. 온라인 강의는 학습자 입장에서 작심삼일(作心三日)로 끝나기 딱 좋은 학습법입니다. 아무리 온라인으로 학생들의 성적과 진도, 출석 등을 관리해주는 LMS Learning Management System 같은 최첨단 학습 시스템을 제공해도 학습자의 의지가 없다면 다 소용없는 거예요.

어학원을 운영하면서 온라인 프로그램을 만들어 값비싼 수업료를 톡톡히 지불한 적이 있습니다. LMS 구축에 엄청난 투자를 해 자율적으로 학습할 수 있는 최첨단 온라인 학습 프로그램을 제공하였지만 실제로 그것을 제대로 활용하는 학생들은 열 명 중에서 한두 명에 불과했습니다. 학생들을 만나서 이야기해 보고서야 이유를 알았습니다. 요즘 학생들의 인터넷에 대한 인식이 어른 세대와는 엄청나게 다르다는 것을 몰랐기 때문이었습니다. 청소년들은 인터넷을 놀이와 소통의 도구로 생각하지, 결코 학습의 도구로 생각하지 않았습니다. 실제로 상담을 해보면, 온라인 숙제를 할 때 학습 사이트에 접속하자마자 곧바로 메신저나 싸이월드를 화면에 띄우고 나서 숙제를 시작한다는 아이들이 적지 않았습니다. 또 상당수는 온라인 학습 시간을 합법적인 인터넷 사용 시간으로 여기고 부모를 교묘하게 따돌리고 있었습니다. 이것이 현실입니다.

그럼에도 온라인 교육 업체들과 부모, 선생님들은 학습 관리 시스템만 제대로 되어 있으면 아이들이 충분히 온라인에서 공부를 할 수 있을 것이라는 '착각'을 하고 있습니다. 물론 온라인 학습이 불가능한 것은 아닙니다. 하지만 문제는 온라인에서 스스로 알아서 학습을 하는 학생들의 비율이 너무 적다는 것입니다.

온라인 학습이 현실적으로 효과가 별로 없다면 도대체 대안은 무엇일까요? 온라인과 오프라인이 통합된 소위 블렌디드 러닝Blended Learning이 하나의 대안일 수 있습니다. 온라인과 오프라인의 장점을 결합해서 최적화된 학습 환경을 구현하는 방식입니다. 일방적one-way인 방식으로 이루어지는 선생님의 강의나 성적 평가 등은 인터넷으로, 그리고 상호 작용two-way

이 필요한 학습 관리 및 상담 등은 전화 또는 만남을 통해 하는 겁니다.

지금 이야기하고 있는 영어 낭독 학습 시스템도 바로 이 블렌디드 러닝에 기초한 것입니다. 학생들의 낭독 녹음과 그에 대한 원어민 선생님의 평가 및 음성 코멘트는 온라인상에서 이루어지는 반면, CD를 들으며 따라 말하는 낭독 연습과 그것을 제대로 실행하고 있는지를 관리하고 격려하는 일은 오프라인에서 이루어지는 것이니까요.

그런데 온라인에서 원어민 선생님이 아무리 학생의 낭독 녹음을 잘 평가해주어도 막상 학생이 의지를 갖고 실천하지 않으면 모두 '그림의 떡' 아닌가요? 따라서 효과적인 영어 낭독 훈련이 이루어지려면 원어민 평가 선생님 이외에 스피킹 학습 도우미 역할을 해 줄 선생님이 꼭 필요합니다. 이런 보조 스피킹 교사를 영어 낭독 코치라고 부르기로 하지요. 영어 낭독 코치가 하는 일은 다음과 같은 것들입니다.

첫째, 학습자가 규칙적으로 낭독 연습을 실천하는지 확인·점검
둘째, 학습자가 낭독 연습 후 녹음을 잘 하는지 확인·점검
셋째, 학습자가 평가 후 복습을 잘 하는지 확인·점검
넷째, 중도에 포기하지 않도록 격려와 칭찬해 주기
다섯째, 기타 학습 멘토 역할

원어민이 낭독 평가를 해주는 경우라면, 멘토 역할을 담당할 코치는 영어를 유창하게 할 필요는 없습니다. 학생에 대한 애정을 가지고 학습

관리를 꼼꼼하게 할 수 있다면 누구나가 영어 낭독 코치가 될 수 있겠지요. 어차피 평가는 모두 원어민 선생님이 알아서 해 줄 것이니까요. 영어 낭독 코치의 주된 역할은 학생이 중간에 포기하지 않고 영어 낭독 훈련을 꾸준히 실천하게 도와주는 거예요.

한마디로 정리하면 영어 낭독 코치는 기존 온라인 학습 사이트에서 기계적으로 이루어지던 LMS를 사람의 따뜻한 애정과 손길로 대체한 것입니다. 학습에 있어서 효율성을 중시하는 하이테크 대신 감성적 접근을 통한 하이터치를 구현하자는 것입니다.

낭독 코치 정하기

종합해 보면 모든 것을 한 명이 담당할 수도 있겠지만, 영어 낭독 훈련을 중간에 포기하지 않고 효과적으로 실행하려면 두 명의 선생님이 필요합니다. 한 명은 평가를 담당하는 원어민 선생님이고, 또 한 명은 원어민 선생님을 보조하여 학습을 도와줄 한국인 낭독 코치입니다. 원어민 선생님이 없다고 해도 영어 낭독 훈련이 불가능한 것은 아니니까 한국인 낭독 코치와 먼저 시도해 보세요.

얼핏 낭독 코치 역할을 원어민 선생님의 역할과 비교하여 상대적으로 중요하지 않게 생각할 수도 있습니다만, 실제 영어 낭독 훈련을 해 본 사람이면 누구나 중간에 포기하지 않도록 이끌어 주고 관리해 주는 학습 도우미 역할이 얼마나 중요한지를 몸소 체험했을 겁니다. 좋은 낭독 코치가 있느냐 없느냐는 영어 낭독 훈련의 성패를 좌우하는 중요한 요인이 되기도 합니다. 그럼 누가 나의 낭독 코치가 될 수 있을까요?

먼 곳에서 찾을 필요 없습니다. 나와 가장 가까운 가족들도 얼마든지 좋은 낭독 코치가 될 수 있으니까요. 집에서 많은 시간을 함께 보내니까 학습 관리를 위해 서로 만나거나 통화를 하려고 시간을 따로 낼 필요도 없고요.

학교나 학원 영어 선생님도 좋습니다. '나는 마음이 맞는 친구나 동료와 하고 싶어!'라고 생각하는 사람이 있다면 그것도 괜찮은 아이디어입니다. 실제로 미국이나 캐나다의 학교에서는 공부를 잘하는 학생이 성적이 부진한 동급생을 가르쳐 주는 피어 튜터링 peer tutoring이 상당히 보편화되어 있습니다. 여기서 어느 유학생의 성공적인 피어 튜터링 활용 경험담을 잠깐 소개해 볼까요?

그 아이는 중학교 3학년 때 미국으로 유학을 갔는데, 친구들과 학교에 적응하는 것에는 큰 어려움이 없었습니다. 그런데 아무래도 언어 능력이 요구되는 영어나 사회와 같은 과목을 따라가는 것은 무척 힘들어했습니다. 아이를 지켜본 학교 상담 선생님이 이런 제안을 했습니다.

"너는 수학은 잘하니까 성적이 떨어지는 학급 친구를 위해 튜터링을 해 주고, 대신 네가 힘들어 하는 영어와 사회 과목은 성적이 좋은 반 친구들을 소개해 줄테니 그 아이들한테 튜터링을 받는 게 어떻겠니?"

제안을 흔쾌히 받아들인 아이는 누군가를 가르치면서 동시에 누군가로부터 배우는 신기한 경험을 하였습니다. 놀랍게도 몇 달이 지나자 영어와 사회 과목의 성적이 오르는 것은 물론이고 가르치는 준비를 하는 데 시간을 빼앗겨 성적이 떨어지지 않을까 걱정을 하였던 수학 성적 또한 더 오르는 게 아니겠어요? 배울 때 보다 가르쳐 보니까 훨씬 더 정리와 집중이 잘 됐던 거예요. '최고의 배움은 가르침이다'라는 말을 몸소 체험한 셈이지요.

낭독 코치를 멀리서 찾을 필요 없이 이와 같은 피어 튜터링을 영어 낭독 훈련에 응용해 보는 것도 좋습니다. 그러면 누가 누구를 가르치는 상하 관계가 아니라 서로 동등한 관계에서 재미있게 공부할 수 있으니까요. 뿐만 아니라 아무래도 나 홀로 학습을 하게 되면 대개 중간에 포기하기가 쉬운데, 이렇게 '낭독 짝꿍'을 맺은 후 낭독 연습을 하게 되면 서로 격려와 선의의 경쟁을 통해 서로에게 큰 도움이 될 것이고요.

그럼 영어 낭독 코치가 될 자격이 있는 사람들을 간단하게 정리해 볼까요?

부모님과 형제·자매, 학교나 학원 영어 선생님 그리고 학교 친구나 직장 동료가 낭독 코치가 될 수 있겠습니다.

영어를 공부하는 학생이 아니더라도 누구든지 '영어 좀 잘 해봤으면······' 하는 간절한 소망이 마음속에는 잠재되어 있습니다. 그렇다면 영어 낭독 코치는 그 소망을 이루어 줄 수 있는 좋은 파트너가 될 수 있겠지요.

누군가의 영어 낭독 코치가 되어 학습자와 더불어 낭독을 몸소 실천한다면 스스로의 스피킹 실력에도 큰 도움이 될 겁니다.

쉬|어|가|기

'한국적 영어환경(EFL)'에 맞는 영어 스피킹 학습법

STEP 1

Shadow Speaking

'낭독 훈련'으로 스피킹 기본기 다지기

내용 낭독을 통해 자연스러운 발음을 익히고 스피킹에 대한 '자신감'을 키워감.

기간 6개월 ~ 1년

STEP 2

Guided Speaking

'다독'과 '암송'으로 스피킹에 날개 달기

내용 다독(extensive reading)으로 가능한 한 많은 문장을 경험하고 '스피킹은 모방(copy)'이라는 것을 모토로 좋은 문장과 표현을 암송함.

기간 6개월 ~ 1년

STEP 3

Creative Speaking

'테마별 독서'로 스피킹을 위한 브레인 채우기

내용 다양한 테마별 독서로 지식과 화제의 폭을 넓히며 실전을 통해 스피킹을 연습함.

기간 1년 ~ 2년

교재 (단계별)
〈1단계〉 리더스북 – I Can Read Book 시리즈, Hello Reader 시리즈, 초·중등 영어 교과서
〈2단계〉 챕터북 – Magic Tree House 시리즈, Arthur Chapter Book 시리즈, 고등 영어 교과서
〈3단계〉 영어 + α – 영어 + 프레젠테이션, 영어 + 성경

교재 (코스별)
〈싱글 코스〉 챕터북 시리즈 하나로 끝내기 – Magic Tree House full set 38권
〈콤보 코스〉 1 리더스북 & 챕터북 골고루 섞어 읽기 – Scholastic Hello Reader 20권 + I Can Read Book 20권 + Usborne Young Reader 10권 + Arthur 챕터북 10권
〈콤보 코스〉 2 픽션 & 논픽션 골고루 섞어 읽기 – Step into Reading 30권 + Penguin Young Readers 30권 + Oxford Bookworm 30권
※ 다독을 하면서 회화체와 문어체가 적절하게 조화된 문장들을 메모 후 암송.

교재 (테마별)
영어 + 고전 – 옥스퍼드 월드 클래식(www.oup.co.uk/worldsclassics),
　　　　　　　펭귄 클래식(penguinclassics.com)
영어 + 수학 – MIC(Math in Context) (www.naonedu.com)
영어 + 과학 – Mad Science 시리즈, Horrible Science 시리즈
영어 + 역사 – Who was 시리즈, The Story of the World 1~4권 시리즈

영어 낭독
공부하기

Part 2

유창하게 말하기, 즉 막힘없이 말을 할 수 있기 위해서는 목표 언어에 대한 어휘 수준(vocabulary skill)이 어느 정도 갖춰져 있어서 무의식적으로 이해할 수 있는 어휘(sight words)가 많아야 합니다. 또 자연스럽게 발성(volume)과 속도(pacing)를 조절할 수 있고, 적절하게 의미 단위(meaning units)로 끊어 말하기(phrasing)도 할 수 있어야 하는데, 이런 스피킹 기본기는 영어 낭독 훈련을 통해 길러집니다.

Chapter 1
영어 문장을 유창하게 읽으려면?

"The ear and not the eye is the nearest gateway to the child-soul …."

- E. Huey 'The Psychology and Pedagogy of Reading'(1968)

지금까지는 영어 낭독 훈련을 시작하기에 앞서 영어 낭독이 무엇인지에 대해 살펴봤습니다. 이제 영어 낭독 실전에서 활용할 수 있는 다양한 학습 모델과 요령들에 대해 자세히 이야기해 봅시다.

제임스 얼 존스 James Earl Jones 란 영화배우를 아시나요? 스타워즈란 영화는 모두 잘 아시죠? 그 영화는 특이하게도 시리즈 4부터 만들어졌습니다. 제임스 얼 존스란 배우가 그 영화에서 어떤 역으로 출연했냐고요? 아, 출연이라기보다는 더빙이라고 해야 맞겠네요. 그가 바로 검은 마스크 다쓰 베이더 Darth Vader 의 카리스마 넘치는 목소리의 주인공입니다. 그리고 CNN의 "This is CNN."이라는 오프닝 멘트를 한 목소리 주인공이기도 하고요.

그런데 이 유명하고 멋진 목소리를 가진 그가 어렸을 때 심각한 말더듬이였다는 사실은 잘 모를 거예요. 어릴 때 거의 8년 동안을 말 한마디 하지 않는 벙어리로 지냈다고 합니다. 그런 그가 고등학교에 다닐 때 한 선생님의 도움으로 말문이 트였고 결국 배우의 길까지 걷게 되었다고 합니다. 선생님은 자기가 쓴 시를 학생들 앞에서 낭독하게 했고, 그 스스로도 셰익스피어의 오셀로를 낭독하면서 장애를 극복할 수 있었다고 합니다. 제임스 얼 존스 이외에도 언어 장애stuttering가 있어 낭독 훈련 등이 포함된 언어치료speech therapy를 받은 경험이 있는 유명한 영화배우들이 의외로 많습니다.

조금 심한 표현일지도 모르지만, 한국 사람들의 영어 스피킹을 들어 보면 대다수가 말더듬이 수준이라고 해도 과언이 아닐 거예요. 이 글을 쓰는 저자들조차도 처음 외국에서 생활하기 시작했을 때는 유창한 회화를 위해 마음고생을 했던 기억이 있습니다. 말더듬이 수준의 스피킹을 개선하기 위해 여러 가지 노력을 하던 끝에 낭독oral reading의 중요성을 발견했고 특히 소리 내어 따라 말하기(섀도우 스피킹, Shadow Speaking)를 꾸준히 실천하여 스피킹 실력을 획기적으로 개선시켰던 경험을 갖고 있습니다. 지금은 이렇게 영어 전문가가 되어 영어 낭독 훈련의 필요성과 중요성을 이야기하는 위치에 서 있게 됐지만요.

지금부터는 간단하면서도 강력한 효과를 지닌 이 낭독 활동이 영어 학습에 있어서 왜 필요하며, 그 효과가 어떠한지 이야기해 보려고 합니다.

영어 낭독의 필요성 1
소리로 듣는 영어, 입 여는 영어가 중요하다

아기들이 태어나서 말을 배우는 과정을 살펴볼까요? 인간의 감각 기관은 엄마 뱃속에서 모두 발달하게 됩니다. 감각 기관 중 청각은 임신 22~24주쯤이면 발달하는데, 물속에서는 소리 전파가 공기 중에서보다 5배나 빠르기 때문에 엄마 뱃속의 양수에 둥둥 떠다니는 동안에 아기는 수많은 소리를 듣습니다. 그렇게 발달된 청각을 가지고 태어난 아기는 엄마로부터 엄청난 '소리 샤워'를 또 경험하게 됩니다. 자기를 끔찍이 챙겨주는 존재가 매일 뭐라고 말을 걸고 아기가 무슨 소리라도 내면 그 존재는 좋아서 어쩔 줄 몰라 하지요. 아기는 당연히 그 반응이 재미있어서 같은 소리를 좀 더 내보려고 노력할 거고요. 시간이 조금 더 지나면 아이는 옹알이를 시작해서 말문이 트이게 되고, 시간이 더 지나면 말도 점점 더 빨리 할 수 있게 됩니다. 그렇게 소리 언어를 거의 완벽하게 익힌 후에 글자라는 요상하게 생긴 놈과 마주치게 됩니다. 소리로 말귀를 잘 알아듣고 자신의 의사를 말로 표현할 줄 아는 상황에서 문자 언어를 연결하게 되는 것이 일반적인 언어 습득의 순서라는 상식을 모르는 사람은 거의 없을 겁니다. 우리말은 그렇게 익혔던 걸 뻔히 알면서도 영어는 왜 그렇게 소리 듣기와 입 여는 연습을 등한시하는지 참 알다가도 모를 일입니다.

영어라는 도구를 배우는 목적은 어느 분야에서든 자기의 지식과 아이디어를 설득력 있게 영어로 전달하는 능력을 갖기 위함입니다. 그게 바로 '돈 버는 영어'라고 했고, 이 돈 버는 영어의 핵심에는 스피킹 능력이 자리잡고 있다고 했습니다. 그런데 문제는 지금 한국에서는 그런 영어 스피킹 능력 향상의 중요성이 피부에 와닿지 않는다는 겁니다. 주위가 온통 영어로 둘러싸인 환경이라면 영어에 노출될 기회도 훨씬 많고 생존을 위해서라도 영어 공부를 더 열심히 할 겁니다. 그런 환경을 ESL English as a Second Language, 영어가 제2언어인 환경이라고 했고, 영어를 직접적으로 사용할 기회가 극히 드문 환경을 EFL English as a Foreign Language, 영어가 외국어인 환경이라고 했습니다. 이런 EFL 환경인 한국적 현실에서 영어는 의사소통의 도구로 활용되기보다 시험을 위한 평가의 도구로 더 많이 이용되어 왔습니다. 지금도 중·고생들은 수능 시험에, 유학생들은 토플 TOEFL 시험에, 직장인들은 토익 TOEIC이나 인터뷰 시험에 목매고 있는 것이 현실입니다. 이런 환경과 현실에서 스피킹의 가장 기본이라고 할 수 있는, '입을 열고 말을 하는 연습'을 우리 영어 학습자들은 되도록 피하려고만 합니다. 초등학교 저학년일 때는 그래도 어느 정도 입을 여는 시늉을 하다가도 초등학교 고학년이 되면서부터, 특히 중·고등학생 이상은 웬만해서는 수업 시간에 말을 하지 않으려고 합니다. '다 아는데, 귀찮다'가 되돌아오는 대답이고요. 이런 상황에서 내용을 채우는데 더 적합한 ESL 방식의 영어 스피킹 교육은 아무리해도 기본 그릇에 구멍이 뻥뻥 뚫려 있어 그 내용이 줄줄 다 새어나오고 맙니다. 급하다고 바늘허리에 실을 매어 쓸 수 없는 것처럼 스피킹 기본기를 쌓는 교육을 튼튼히 하지 않고서는 스피킹 실력 향상의 실마리는 절대 풀리지 않을 것입니다.

영어 낭독 훈련Oral Reading Drill, 특히 그 중에서도 큰 소리로 따라 읽는 연습인 섀도우 스피킹Shadow Speaking은 그 시작과 도입이 간단하고 효과가 강력하기 때문에 한국적 상황에서 꼭 필요한 스피킹 교육의 대안입니다. 앞에서 영어 낭독 교재로 소개된 영어 동화책들을 가지고 소리의 모방, 소리의 구별, 소리의 결합 연습 과정을 반드시 거쳐봐야 제임스 얼 존스처럼 비로소 영어 스피킹의 말문이 트일 겁니다. 소리를 내지 않는 영어 공부는 실천이 없는, 계획만 거창한 영어 공부와 다름없다는 것을 기억하세요.

영어 낭독의 필요성 2
읽기 교육을 돕는 데 필요하다

한국 사람들의 특징 중에서 세계에서 둘째가라면 서러워할 것이 바로 높은 교육열입니다. 이런 교육열이 단기간에 놀랄만한 경제성장을 이루는 원동력이 되었다고도 얘기를 합니다. 이 높은 교육열이 지식정보화사회라고 불리는 21세기, 지금 한국 사회의 발전에도 커다란 도움이 되고 있습니다. 지식정보화사회는 지식이 중요한 부의 원천으로 누가 어떤 지식을 얼마만큼 빠르게 획득하고, 획득한 지식을 재가공하여 보다 새로운 지식을 창출해낼 수 있느냐가 관건이라 할 수 있습니다. 이 지식 획득과 재가공 능력의 원천에 바로 읽기 능력reading skill이 중요하게 자리 잡고 있습니다.

1990년대 이후로 미국은 엄청난 교육개혁을 시도하고 있습니다. 대학교에서는 '쓰기writing' 중심의 교육을 하버드대나 시카고대 등 유명 대학들이 주도하고 있고, 또 전체 학생을 대상으로 '읽기reading'의 중요성을 지속적으로 강조하고 있습니다. 국가 단위의 대규모 연구 프로젝트가 진행되는 등 읽기 교육을 이렇게 앞세우는 이유는 읽기 능력이 지식정보화사회에서 정보를 받아들이는 능력과 직결되어 있기 때문입니다. 또 받아들인 정보를 표현하고 전달하는 능력의 토대인 말하기와 쓰기 능력에 있어서도 바로 이 읽기가 중요한 원천이 됩니다. 읽기를 통해 안으로 쌓이는 것 없이는 밖으로 꺼낼 것도 없다는 것은 상식적으로 생각해 봐도 알 수 있습니다. 마치 공장에서 상품을 생산할 때 원재료가 없으면 상품을 만들 수 없는 것과 같습니다.

초등학생 자녀를 둔 학부모가 '아이가 책을 좋아해서 한글로 된 책은 하루에도 몇 권씩 재미있게 읽곤 하는데 영어로 된 책은 아예 손도 대지 않는다'거나 '영어 동화책을 전집으로 사면 싸다고 해서 통째로 수십 권을 구입해 주었더니 몇 권 읽다 구석에서 먼지만 쌓이고 있다'는 고민을 털어놓기도 합니다.

지식정보화사회에서 많은 원천 지식들은 영어로 작성되어 있습니다. 다시 말해서 이 원천 지식을 원활히 받아들이기 위해서 영어 읽기 교육은 필수적이라는 것인데요, 언어 습득 과정에서 잠깐 살펴봤듯이 소리 언어를 거의 마스터한 후 문자 언어로 진입하는 것이 일반적이었지요? 그래야 문자 언어 습득이 자연스럽고 학습자에 따라서는 문자 언어를 배움으로써 책을 읽을 수 있게 돼 기쁨을 느끼기까지 하니까요.

다시 초등학생 학부모의 영어 학습 고민으로 돌아가 '아이에게 영어 소리에 충분히 노출시킨 후 책을 읽으라고 권했느냐?'고 물어 보고 싶습니다. 어느 날 갑자기 자녀에게 영어로 된 책을 마구 들이밀면서 책읽기를 강요하지 않았는지 되돌아볼 필요가 있습니다. 그런 상황에서 아이는 문자 언어 습득에 대한 저항이 생길 수밖에 없고 심지어는 영어 학습에 대해 반감을 갖게 될 수밖에 없으니까요. 이런 아이들도 누군가 재미있게 영어로 된 이야기를 낭독해 주면 눈을 초롱초롱하게 뜨고 경청하는 것을 보게 됩니다. 바로 여기에 자녀 영어 학습 고민에 대한 해결의 씨앗이 숨어 있습니다. 영어 낭독은 문자 언어 습득에 부담감을 가지는 영어 학습자들에게 본격적인 읽기 교육의 전 단계 학습 방법으로 큰 역할을 할 수가 있습니다. 실제 미국의 교육 현장에서도 읽기 수준이 낮은 학생들에게 영어 낭독 연습을 꾸준히 시키면서 읽기 실력과 필요한 지식 습득에도 도움을 주고 있습니다.

읽기 능력 향상을 통해 내부적으로 교양이 쌓이지 않고서는 수준이 있는 회화를 구사한다는 것이 거의 불가능하다고 봐야 합니다. 얼마 전 지하철 광고 하나를 보고 혼자 쓴웃음을 지은 적이 있었는데요, '웃고 떠들다보니 어느새 수업이 끝났다'는 정도의 문구로 어떤 영어 학원의 회화 수업을 묘사하는 광고였습니다. 물론 수업을 즐겁게 하는 건 좋지만, 그렇게 스피킹 실력도 즐겁게 같이 늘어 주면 좋을 텐데 현실은 그렇지 못합니다.

영어 회화 수업에서는 원어민과 대화로 수업을 진행하는 경우가 대부분입니다. 학습자가 적게는 서너 명에서 많게는 열 명도 넘는 상황에서 과연 몇 마디나 영어를 할 수 있는지 한번쯤 생각해 볼 문제입니다. 그리고 시간과 장소의 제약, 또는 저렴한 수강료 때문에 전화나 화상영어를 선택하는 경우도 있는데 원어민과 대화 몇 마디 나누는 것으로 위안을 삼으며 시간과 돈만 낭비하는 것은 아닌지도 생각해 보아야 합니다. 스피킹 실력의 목표를 잡담 수준의 대화 정도로 잡고 있다면 모를까 전문 분야에서 상대방을 설득하고 뭔가를 성취해 내는, 더 나아가 치열한 논리로 싸워서 무엇인가를 쟁취하기 위한 상황에서 그런 잡담 수준의 실력이 얼마나 도움이 될까요?

이렇듯 한국적 상황에서 영어 스피킹 교육의 첫 단추도 읽기 능력의 향상에서 시작되어야 비로소 실마리가 풀리기 시작합니다. 제임스 얼 존스도 말문이 트이기 전 엄청난 양의 독서를 했다고 합니다. 흑인이 글을 읽으면 가혹한 체벌을 받던 시절, 그의 증조부는 집에 작은 도서관을 비밀리에 마련해 놓고 자녀들에게 책을 읽혔다고 하니까요. 그런 영향으로 어린 제임스도 책 속에서 성장을 했는데 벙어리로 지내는 동안에도 자기 머릿속에서는 이미 엄청난 양의 지적인 대화가 오가고 있었겠지요. 어떤 계기로 인해 말문이 트이고 그동안 쌓였던 지적인 내용들이 봇물처럼 쏟아져 나온 것이고요. 따라서 보다 수준 높은 교양 영어를 구사하기 위한 읽기 교육과 동시에 말하기 교육까지 두 마리 토끼를 한꺼번에 잡을 수 있는 방법으로 영어 낭독은 중요한 자리를 차지할 수 있습니다.

영어낭독의 필요성 3
유창성을 높이는 데 필요하다

읽기 교육에 있어서 평가 척도의 중심에 있는 것은 comprehension(내용 이해도)입니다. 이 comprehension을 달성하기 위해서 갖춰져야 할 것이 정확성accuracy과 유창성fluency이며, 여기에 창의성creativity을 보태면 production English(생산 영어), 즉 쓰기writing와 말하기speaking의 평가 척도가 됩니다. 하지만 창의성이란 것은 타고나는 능력에 가까우며 개인의 역량에 많이 좌우되는 것으로 사실상 교육의 범위를 벗어난다고 보는 게 맞을 것입니다. 하지만 정확성과 유창성은 충분한 학습과 훈련으로 높일 수 있습니다. 정확성은 유창성에 포함될 수 있는 개념이므로 결국 언어 교육이 추구해야 할 최종 목표는 '학습자가 어떻게 유창성을 달성할 수 있도록 도와줄 수 있는가?'가 되겠지요.

읽기 교육, 나아가 말하기와 쓰기 교육에서 높은 수준의 유창성을 달성하기 위해 여러 가지 전략과 활동이 있을 수 있는데 이 책에서 주목하는 것이 바로 낭독oral reading입니다. 여러 연구 결과들이 낭독 활동이 읽기의 유창성을 달성하는 데 놀라운 효과가 있으며 궁극적으로 읽기 교육의 최종 목표인 comprehension(내용 이해도) 향상에 크게 기여한다는 것을 증명하고 있습니다. 유창성이 좋아진다는 것은 언어 장애의 여러 방해 요소가 점점 사라진다는 것이고 따라서 보다 더 내용 이해에 집중할 수 있기 때문입니다. 특히 이 낭독 활동은 낮은 수준의 읽기 능력을 가진 학생들에게 더 큰 효과가 있고, 제1언어뿐만 아니라 제2언어의 습득에도 큰 효과가 있습니다. 이렇게 낭독은 읽기 능력을 크게 향상시킬 수 있으며, 나아가 낭독 활동 자체가 말과 연관된 현상이므로 스피킹 능력 향상에도 직접적인 영향을 끼칠 수 있습니다.

맥콜리McCauley란 학자는 "Using Choral Reading to Promote Language Learning for ESL Students(단체로 낭독하기를 활용한 제2언어 학습자의 언어 습득 능력 증진, 1992)"이란 논문에서 제2언어를 습득하는 데 중요한 4가지 요소를 다음과 같이 열거했습니다.

불안감 낮은 환경 a low-anxiety environment

실수하는 것이 충분히 용납되며, 칭찬과 용기를 북돋아 주는 피드백이 실수를 지적하는 피드백보다 더 많은 학습 환경.

반복연습 repeated practice

유창성을 향상시키는 데 필요한 시간과 반복의 기회를 충분히 주는 것.

이해 가능한 입력 comprehensible input

학습자의 이해 수준을 넘지 않는 자료를 이용하여 이해도를 증가시키는 것으로, 이해가 되지 않는 내용을 맹목적으로 암기하는 것을 방지.

드라마 drama

학습자가 목표 언어를 사회적 상황에서 사용해 볼 기회를 가지는 것. 배운 내용을 글만이 아니라 실제 사용하는 언어의 형태로, 어떤 사회적 역할을 맡아 직접 시연을 해보는 것.

이 4가지 요소가 충족되면 제2언어 학습자의 실력은 크게 향상된다는 것을 증명한 것인데, 이 모든 조건을 충족시켜 주는 것이 바로 낭독을 활용한 것입니다. 한국 학습자들의 스피킹 교육에 대한 실마리를 푸는 데 낭독 학습법이 훌륭한 대안이 될 수 있다는 뜻이 됩니다.

이제 영어 낭독의 필요성은 충분히 공감이 갈 겁니다. 그럼 영어 낭독의 효과들은 어떻게 나타나는지 살펴볼까요?

영어 낭독의 효과 1
두려움 극복, 자신감 회복

한국 영어 학습자들의 스피킹 능력 향상 방법에 대해서는 여러 가지 가설이 분분하지만 누구나 이구동성으로 말하는 것은 '자신감을 키우라!'입니다. 우리는 말하기에서 유난히 남을 많이 의식하는 편입니다. 부끄러움이나 창피함을 피하기 위해 문법에 맞지 않는 말이면 입을 잘

열지 않으려고 합니다. 지나치게 정확한 것에 집착하면 유창성을 키우지 못하고, 오히려 말더듬이와 비슷한 상태가 되고 맙니다. 정확한 영어를 구사해야 한다는 생각을 하면 할수록 말문을 열기가 더 어려워집니다. 공부를 많이 하는데도 말이지요.

미국으로 이민 간 가족 구성원 중 영어가 가장 빨리 느는 쪽은 나이 어린 아이들이라는 이야기는 많이 들어보았을 거예요. 초기에는 엄마가 아이들을 챙기지만 조금만 시간이 지나면 엄마가 오히려 아이들의 도움을 받는 상황이 됩니다. 이런 일이 벌어지게 되는 이유는 아이들이 어른들보다 실수하는 것을 더 두려워하지 않기 때문입니다.

낭독 활동은 이렇게 위축된 자신감을 회복시키는 데 특효약 같은 역할을 합니다. 왜냐하면 낭독 활동 자체가 수많은 실수의 기회를 허용하기 때문이지요. 낭독은 대본 없이 발표presentation를 한다거나 생각을 쥐어짜내야 하는 인터뷰interview 상황이 아닙니다. 자기 앞에 이미 주어진 텍스트가 있으며, 그 텍스트를 충실히 전달하는 것에만 집중하면 되니까요. 이것은 마치 안전한 무대에서 마음껏 실험을 할 수 있으며 리허설까지도 수십 번 한 후 실제 공연에도 대본을 들고 나가 연극을 하는 상황과 같다고 할 수 있습니다. 이런 상황에서 공연을 한다면 실수에 대한 두려움 없이 누구나 자신 있게 공연을 마칠 수 있을 것입니다. 말이 막힌다거나 대사를 까먹는 실수로 인해 창피를 당하거나 두려움을 가질 필요가 전혀 없고, 나아가 그런 실수가 자신감을 깎아먹는 악순환을 불러일으키지 않습니다.

영어 낭독의 효과 2
스피킹 능력으로의 전이

    이런 자신감 회복과 반복적 낭독(충분한 입 근육 운동)은 스피킹 실력의 향상으로 바로 전이가 되곤 합니다. 스피킹 실력을 가늠하는 중요한 요소를 내용과 형식이라는 두 가지 차원에서 고려해 볼 때, 형식은 얼마나 유창하게 말을 하느냐 하는 것이고, 내용은 얼마나 설득력이 있느냐는 것이라고 할 수 있습니다. 단순한 형식으로도 강력하고 심오한 내용을 전달할 수 있겠지만, 앞에서도 지적했듯이 내용의 수준에 관한 한 아마도 그것은 언어 교육이 담당해야 할 범위를 넘어서는 것 같습니다. 말하는 내용은 한 사람의 인격과 경험에 관련된 것으로 평생에 걸쳐 지속적으로 발전해가는 것이지 일정 기간의 언어 교육으로 완성되는 것이 아니기 때문입니다. 따라서 언어 교육에만 국한시켜 말하자면 유창성을 높여주는 것이 최고의 교육 목표입니다.

    혹시 자전거 타는 법을 아십니까? 자전거를 탈 때 페달을 의식하며 밟나요, 아니면 그냥 무의식중에 자연스럽게 밟나요? 보통은 자전거를 탈 때 마치 자전거와 자신이 한 몸이 된 것처럼 막힘없이 앞으로 쭉쭉 나가면서 무의식적으로 페달을 밟게 됩니다. 스피킹에서 형식적인 측면인 이 유창성fluency이란 게 과연 뭘 말하는 걸까요? 한마디로 자전거 탈 때 자연스럽게 페달을 밟는 것처럼 막힘없이 말할 수 있는 정도라고 표현할 수 있지 않을까요? 그런데 자전거를 '유창하게' 타기 위해서는 먼저 갖춰져야만 할 자전거 타기 기본기란 게 있습니다. 페달 밟을 줄 알기, 그와 동시에 균형 잡기, 앞의 장애물 관측하기, 핸들과 브레이크를 적절히 사용하여 장애물 피해 가기 등 이런 기본 요소가 결합이 되어 신나는 자전거 타기가 완성되는 것입니다. 한마디로 이런 기본기가 안 되면 불안하게 비틀거리다 넘어지기 마련입니다. 갑자기 자전거 이야기를 하는 것은 바로 스피킹에도 이런 기본기가 있다는 것을 말하고 싶어서입니다.

유창하게 말하기, 즉 막힘없이 말을 할 수 있기 위해서는 목표 언어에 대한 어휘 수준 vocabulary skill이 어느 정도 갖춰져 있어서 무의식적으로 이해할 수 있는 어휘 sight words가 많아야 합니다. 또 자연스럽게 발성 volume과 속도 pacing를 조절할 수 있고, 적절하게 의미 단위 meaning units로 끊어 말하기 phrasing를 할 수 있어야 합니다. 이런 기본기 fundamentals가 없다면 유창한 스피킹을 기대할 수 없습니다.

이 스피킹 기본기 요소들은 낭독 연습을 통하여 획기적으로 향상시킬 수 있는 것들입니다.

예를 들어, 적절한 끊어 말하기 phrasing는 낭독에서의 끊어 읽기 pausing와 바로 연관되는 것으로 낭독 훈련에서 이 부분을 충분히 연습하면 곧바로 스피킹에 적용할 수 있습니다. 텍스트를 한 단어씩 힘들게 읽어 나가는 것과 구와 절을 구분하면서 사고 단위 thought group별로 적절히 끊어 읽을 수 있는 것은 엄청난 차이가 있습니다. 이렇게 적절히 의미 덩어리 단위로 끊어 읽을 수 있다는 것은 작가의 의도를 이해하면서 읽을 수 있다는 말이고, 또 그 텍스트에 나오는 어휘의 의미와 발성에 대해서도 충분히 이해를 하고 있다는 말입니다.

많은 영어 학습자들이 가지고 있는 안 좋은 습관 중 하나가 영어 문장을 대할 때 은연중에 한국말로 해석해 봐야 이해가 된다는 것인데요, 학교나 학원의 독해 수업에서 지문들을 구조 분석하며 이해하는 방식에 너무 익숙해졌기 때문인 것 같습니다.

예를 들어, 'His blue shirt which he bought last month was no longer fit to wear because he gained a few more pounds.'라는 문장을 읽는 바로 그 순간 이해를 하는 것이 아니라 "그는 몇 파운드 더 살이 쪘기 때문에 지난달에 산 파란 셔츠가 더 이상 맞지 않았다"라고 한국말 어순으로 뒤집어 번역한 후에야 그 문장이 가진 의미를 이해하는 겁니다. 영어 문장을 읽음과 동시에 이해하는 '직독직해'를 하라고 많이들 조언을 하지만 눈으로 묵독을 주로 하는 상황에서는 이 습관이 좀처럼 잘 고쳐지지 않습니다. 게다가 직독직해를 한다고 해도 문장이 두세 줄 이상 길어져 버리면 생각이 꼬여 앞뒤로 왔다 갔다 하기 일쑤지요. '영어식 사고의 흐름' 체계가 잡히지 않아서 벌어지는 현상입니다.

영어 낭독 훈련을 하게 되면 이건 말로 하는 상황이기 때문에 앞에서부터 뒤로 영어 어순대로 읽을 수밖에 없습니다. 그래서 원어민의 소리를 정확히 따라하고 또 끊어 읽는 곳을 표시해 두고 스스로 그에 맞춰 꾸준히 낭독 연습을 하다 보면 자연스럽게 영어식 사고의 흐름을 터득할 수 있게 됩니다. 막힘없이 낭독을 할 수 있다는 것은 영어식 사고의 흐름에 맞춰 막힘없이 스피킹을 할 수 있는 기본이 됩니다.

결국 이 낭독의 유창성을 높일 수 있다면 그것이 스피킹 능력으로 전이되어 스피킹의 유창성도 동시에 높아집니다. 낭독에서 유창성을 높일 수 있는 적절한 방법이 바로 반복해서 읽는 것입니다. 적당한 분량의 텍스트를 반복해서 낭독하다 보면 어색했던 것이 자연스러워지고 여유가 생겨 감정까지 표현할 수 있게 됩니다. 마치 연극배우가 회를 거듭할수록 감정을 보다 섬세하게 표현할 수 있는 것처럼 말입니다. 이렇게 일정한 간격을 두고 주기적인 반복을 거듭하면서 어떤 일task을 마스터하게 되면 어느 순간에 창의성마저 발휘될 수 있습니다. 공연이나 발표 중에 하는 즉흥적인 대사, 애드립ad lib을 생각해 보면 이해가 쉽습니다. 반복적인 훈련으로 기본기가 완전히 숙달되면 어느 순간 한 차원 높은 능력이 발휘됩니다. 영어 낭독 훈련을 성실히 하여 스피킹 기본기를 충실히 다지다 보면 어느새 자연스럽게 애드립을 하고 있는 자신을 발견하게 될 것입니다.

영어 낭독의 효과 3
영어 학습 전략의 예측

또 낭독 활동은 개개인에게 어떤 영어 학습법을 적용시켜야 할지에 대한 중요한 좌표가 될 수도 있습니다. 낭독만큼 가시적인 형태로 한 개인의 영어 실력을 짧은 시간 내에 적나라하게 보여 줄 수 있는 도구도 드물기 때문입니다. 읽기reading와 듣기listening는 그 자체가 머릿속에서 벌어지는 현상이라 과연 그 속에서 어떤 일이 벌어지고 있는지 이해하기가 힘듭니다. 읽기나 듣기 테스트에서 comprehension(내용 이해도) 측정 문제를 잘 고안해 만들지 않으면 학생이 정말 알고 맞춘 것인지 아니면 단순히 찍어서 맞춘 것인지 구별하기 어렵거든요. 그만큼 변별력을 위해 쏟아 붓는 노력이 만만치 않습니다. 하지만 낭독은 정말 정직합니다. 묵독을 했을 때 드러나지 않던 것들이 낭독을 하면 고스란히 드러나기 때문입니다. 낭독을 할 때 끊어 읽는 것만 봐도 주어진 텍스트를 얼마나 이해하고 있는지 대충 짐작할 수 있습니다. 거기에다 텍스트의 어휘들을 더듬거리지 않고 매끄럽게 잘 읽어 나가면 그 학생의 어휘 수준까지도 엿볼 수 있습니다. 낭독은 간접적으로 그 사람의 영어 실력을 간단히 측정해 볼 수 있는 수단이 되기도 하고, 그 결과를 바탕으로 어떤 부분에 더 집중해야 할지 알려 주는 지표가 되기도 합니다.

영어 스피킹 실력은 없으면서도 영어 전문가라고 나서는 이들이 참 많습니다. 그 전문가들이 복잡한 도표와 그래프까지 동원해서 학습 전략에 대해 설명할 때 고개를 끄덕이며 프로그램에 동참하는 이들이 많지요. 하지만 그 결과에 만족할까요? 대부분은 '아니!'라고 답할 겁니다.

어느 자기 개발 서적에 '어떤 일을 성실히 실천하지 못하는 이유 중 하나가 우리에게 주어진 정보가 너무 많기 때문이다'라는 문구가 있더군요. 수많은 전문가들의 수많은 솔루션은 아이러니하게도 오히려 학습자들이 길을 잃게 만드는 함정으로 변하곤 합니다. 이런 정보의 과잉은 정작 실천을 위한 집중력을 떨어뜨리기도 합니다. 전문가들의 의견을 듣다보면 한 가지 활동에 몰입하지 못하게 되는 거지요.

애플의 스티브 잡스가 스탠포드대학 졸업식 연설에서 "Stay hungry, stay foolish."라는 말을 했습니다. 항상 새로운 가능성에 문을 열어두되, 결정했으면 우직하게 밀고 나가라는 뜻입니다. 지금까지 그런 영어 공부 얼마나 하셨습니까? 공부하는 내용을 반복하고 또 반복해서 자기 몸의 일부가 될 정도로 그렇게 우직하게 밀고 나가는 영어 공부 말입니다.

이제 정리해 볼까요? 영어 낭독이 왜 필요한가요? 다른 모든 걸 떠나서 영어 낭독 훈련은 영어가 외국어인 한국적 상황(EFL)에서 현실적으로 가장 값싸고 손쉽게 바로 실현 가능한 훌륭한 영어 학습 모델이기 때문입니다.

지금까지 영어 낭독에 대한 이야기를 들으면서 회의적인 생각이 들 수도 있을 겁니다. 물론 낭독 연습이 마치 영어 학습의 만병통치약이라는 이야기를 하려는 것은 아닙니다. 이 책을 쓰는 목적은 영어 낭독 훈련을 통하여 한국 영어 말하기 교육의 대안을 제시해보고자 하는 데 있습니다. 바로 영어 낭독 훈련이라는 한 가닥 실마리로 한국의 수많은 영어 학습자들이 '영어로 유창하게 말하기'라는 어려운 문제를 해결했으면 하는 바람입니다.

쉬 | 어 | 가 | 기
유창성(fluency) 측정 방법

여기서 잠깐 유창성(fluency)이란 개념을 짚어 볼까요? 이 유창성 향상에 초점을 맞춘 영어 낭독 훈련을 할 때 어떤 목표에 도달해야 하는지 감을 잡을 수 있어야 하기 때문입니다.

유창성이라는 것은 얼마나 자연스럽게 읽는지 그 정도를 말하는 것입니다. 얼마나 정확하게, 빨리, 적절한 의미 덩어리로, 적절한 표현 능력과 함께 이해하면서 읽는가의 정도를 나타낸 것입니다. 정확하고 빠르게, 적절한 감정 표현을 하면서 주어진 텍스트를 읽었다 해도 읽음과 동시에 그 내용을 이해하지 못했다면 유창성은 낮다고 봐야 합니다. 왜냐하면 유창성에는 충분한 독서를 통해 길러지는 무의식적 어휘 자동 인식 능력(automaticity, 자동성)이 포함되어 있기 때문입니다.

유창성은 비공식적인 측정법이 있고, 공식적으로 숫자로 표시할 수 있는 측정법도 있습니다. 비공식적인 측정법은 측정자의 감에 의존하는 것으로 대표적인 것은 NAEP(National Assessment of Educational Progress, 미 전역 일제고사)의 네 단계 낭독 수준(Four-point Oral Reading Fluency Scale)이 있습니다.

수준	설명
Level 1	문장 대부분을 한 단어씩 낭독한다. 가끔 2~3개의 단어를 연달아 읽기도 하지만 드물며, 의미 단위로 덩어리를 지어 읽지 못한다. 낭독할 때 억양이나 감정이 나타나지 않으며 글을 읽는 것이 고역스럽고 어렵다.
Level 2	문장 대부분을 2단어 정도의 덩어리로 읽고, 드물게 3~4개의 덩어리로 읽기도 한다. 가끔 한 단어씩 낭독하는 부분도 있다. 의미 덩어리를 어색하거나 일관성 없게 짓기도 한다. 낭독할 때 억양이나 감정이 나타나지만 부적절한 경우가 많다.
Level 3	문장 대부분을 3~4개의 덩어리로 읽는다. 좀 더 작은 단위로 읽을 때도 있다. 의미 덩어리를 작가의 의도대로 적절히 나눌 수 있다. 낭독할 때 글의 일부를 적절한 억양이나 감정을 가지고 읽을 수 있다.
Level 4	문장 대부분을 길고, 의미 있는 덩어리로 읽는다. 가끔 실수를 하기도 하지만 이 실수는 전체 글을 낭독하는 데 큰 지장을 주지 않는다. 작가의 의도대로 의미 덩어리로 나누어 읽고, 적절한 억양과 감정을 가지고 낭독할 수도 있다. 자연스럽게 낭독할 수 있는 모습을 보인다.

공식적인 측정법으로는 Timed Repeated Reading(제한 시간 내 반복 낭독 측정법)이 있습니다. 1분씩 연속 3회를 측정하여 평균을 낸 점수를 주기적으로 기록하기 때문에 One-Minute Oral Reading Test라고도 합니다.

〈One-Minute Oral Reading Test〉

1. 수준에 맞는 낭독 텍스트를 준비합니다. 약 100~200단어를 전후한 어휘 수준이 적절하며, 한국 사람들이 오류를 잘 범하는 발음(b, v, p, f 발음과 과거형/복수형 어미 발음)을 포함하는 것이 좋습니다.
2. 긴장을 풀 수 있도록 먼저 낭독 텍스트를 짤막하게 소개를 해주고, 시험이 어떻게 진행될지 설명합니다. 그런 다음 학생에게 평소 낭독하는 것처럼 주어진 텍스트를 1분 동안 읽어보라고 한 후, 선생님은 초시계로 시작과 끝을 알려 줍니다.
3. 학생이 낭독하는 동안 선생님은 텍스트의 복사본을 눈으로 따라가면서 오류를 범하는 단어에 슬래시(/)로 표시를 합니다. 그 오류란 잘못된 발음, 잘못된 강세, 잘못된 끊어 읽기, 또는 건너뛰기나 잘못된 발음 삽입 등을 모두 포함합니다. 학생이 낭독을 하는 도중 모르는 단어에 부딪혀 앞으로 나가지 못하는 경우가 발생하면 약 3초간 기다렸다가 그 단어에 오류 표시를 한 후 발음을 불러 주는 등 도움을 줍니다. 난이도가 높은 단어를 쉽게 읽고 넘어가는 경우 동그라미로 표시하면서 가산점을 줄 수도 있습니다.
4. 1분이 지나면 낭독을 멈추고 표시해 둡니다. 또는 텍스트 전체를 다 읽게 내버려 두고 1분이 경과한 지점을 따로 표시할 수도 있습니다. 일정한 간격을 두고 3회를 측정하여 평균값을 낼 수 있도록 합니다.
5. 측정은 1분 동안 읽은 전체 단어 수, 1분 동안 정확하게 읽은 단어 수, 오류 단어 수, 정확도(1분 동안 정확하게 읽은 단어 수 / 1분 동안 읽은 전체 단어 수) 등을 기록합니다. 주기적으로 테스트를 실시하여 학생의 실력 변화 추세를 기록해 둡니다.

Chapter 2

효과적인 영어 낭독 훈련 방법들

우리는 얼마나 소리를 적극적으로 활용하면서
영어 공부를 했는지요? 각자의 상황에 맞는 방법으로
소리 영어의 세계에 익숙해져 보세요.

지금까지 유창하게 문장을 읽기 위해 낭독 연습이 왜 필요하며, 또 어떤 효과가 있는지에 대해 알아보았습니다. 이제 여러 가지 영어 낭독 훈련 방법들에 대해 살펴본 후 이 방법들을 결합한 몇 가지 낭독 수업 모델을 소개해 보려고 합니다.

'소리의 발견 : 소리가 약이다'란 제목의 다큐멘터리에서 영상 자극(시각)과 소리 자극(청각)이 각각 뇌에 미치는 영향을 측정했는데 영상 자극은 뇌의 전두엽에만 영향을 미쳤고, 소리 자극은 뇌 전체에 영향을 미쳤습니다. 이처럼 우리 인간은 소리에 더 민감하게 반응합니다. 영어 공부에서도 이 소리와 관련된 활동을 훨씬 강화할 필요가 있는데 과연 우리는 얼마나 적극적으로 소리를 활용했을까요? 보통은 문자 영어에 너무 치우쳐 있어서 소리 영어의 세계에 익숙하지 못합니다. 말하기가 영어 교육의 대세인 요즘 우리는 이 소리 영어의 세계에 좀 더 가까이 다가가야만 합니다. 이런 소리 영어의 대표적인 학습법이 바로 낭독 훈련임은 두말할 필요가 없겠습니다. 그래서 지금부터는 낭독 훈련 방법들에 대해 살펴보고, 이 방법들을 결합하여 수업을 어떻게 진행할 수 있는지에 대한 모델들을 몇 가지 살펴볼까 합니다.

여러 가지 방법들이 있지만 여기에서는 한국적 상황에 가장 적합한 7가지에 대해 알아보도록 합시다.

혼자 연습할 수 있는 방법도 있고, 짝을 이루거나 집단적인 상황에서 연습할 수 있는 방법도 있습니다. 학습자마다 환경과 조건이 다를 테니까 모든 방법들을 꼼꼼하게 살펴본 후 각자의 상황에 가장 잘 맞는 방법을 선택하면 됩니다.

영어 낭독 훈련 방법 1
Paired Reading(함께 낭독하기)

주로 유창성이 낮은 수준의 학생들에게 적합한 낭독 연습 방법입니다. Shared Reading 또는 Mentor Reading이라고도 불리는데요, 유창성이 높은 멘토Mentor가 낮은 수준의 학생과 나란히 앉아 함께 낭독 연습을 하는 것입니다. 학교라면 선생님이나 상급생 또는 영어를 잘하는 동료 학생이, 가정에서는 부모님이나 형제·자매가 멘토가 되는 겁니다.

학교를 예로 설명해보면 먼저 앞에서 설명한 〈유창성 측정법〉으로 학생들의 유창성 수준을 평가하여 그룹을 나눕니다. 유창성이 낮은 학생과 높은 학생을 짝 지어주고 낭독 연습을 시작합니다. 둘이 같이 텍스트를 읽으면서 낭독 연습을 하다가 수준이 낮은 학생이 혼자 읽을 수 있겠다 싶은 부분에서 신호를 보내면 상대편은 침묵합니다. 실수나 어려움에 부딪혔을 때 스스로 해결하는지 기다렸다가 도움이 필요하다고 판단되면 멘토가 개입해 도움을 줍니다. 또 연습을 마무리하면서 멘토는 낭독자에게 피드백을 제공할 수도 있습니다. 이런 연습 형태의 변형으로 멘토가 선두에서 낭독을 이끌고 학생은 바로 뒤에서 따라 낭독을 하는 형태인 Echo Reading(메아리처럼 낭독하기)이 있습니다. 멘토가 읽어주는 문장을 메아리처럼 따라 낭독하는 방법입니다. 이 방법은 학습자의 유창성 수준이 아주 낮을 때 일정 기간 동안 활용하면 효과적입니다.

가끔 이 방법은 함께 학습을 하는 유창성이 높은 학생에게 불리한 것 아니냐는 질문을 받습니다. 하지만 '가장 좋은 학습법은 가르치는 것이다'라고 했듯이 유창성이 높은 학생은 낮은 학생을 지원하면서 훨씬 더 많은 것을 얻을 수 있게 됩니다. 반복해서 낭독하면서 자신의 낭독 수준이 더 향상될 수 있을 뿐만 아니라 수준이 낮은 학생에게 피드백을 줄 수 있으려면 낭독 평가의 요소(발음, 강세, 억양, 끊어 읽기 등)에 대해서도 보다 많은 이해가 필요합니다. 그리고 무엇보다 중요한 것은 인성 교육에도 도움이 됩니다. 최근 회자되는 리더십 유형 중 섬김 리더십(서번트

리더십, Servant Leadership)이란 것이 있는데 다른 사람의 발전을 돕는 것이 곧 자신을 돕는 것이라는 정신을 중요시하며 섬김과 겸손으로 사람들을 이끄는 리더십입니다. 낭독의 평가 방법이 상대 평가가 아니고 어느 수준에 도달해야만 해당 점수를 받을 수 있는 절대 평가 방식이기 때문에 점수와 석차 경쟁으로 얼룩져 삭막해진 교실에서 학생들은 협력하는 경험을 할 수 있습니다.

이처럼 낭독 훈련은 단순히 영어 교육의 차원을 넘어 학생들 마음의 상처를 치유하고 협동심을 길러주는 훌륭한 교육법이 될 수 있습니다.

영어 낭독 훈련 방법 2
Choral Reading(단체로 낭독하기)

예전에는 초등학생들이 '국민교육헌장'이란 것을 암송했습니다. 한 명씩 앞에 나가 암송하기도 하고, 학급 전체가 함께 외우는 연습을 하기도 했지요.

이렇게 단체로 하는 활동은 집단의 역동성이 발휘되어 효과가 더 크게 나타날 수 있습니다. 초등학교 때 암송했던 국민교육헌장의 대부분이 성인이 된 지금까지 기억되는 것을 보면 어릴 적 이런 암송 교육이 얼마나 위력적인지 다시 한 번 느낄 수 있습니다.

Choral Reading(단체로 낭독하기)은 이 집단 활동의 장점을 활용하여 함께 특정 텍스트를 낭독하는 방법입니다. 선생님이 먼저 낭독 시범을 보이고 해당 텍스트의 이해를 돕기 위해 약간의 설명을 곁들인 후 학생들이 텍스트를 모두 같이 낭독하도록 하면 됩니다.

이때 단순히 몇 번 함께 낭독을 하는 것으로 끝내고 마는 형식적인 운영은 이 단체 낭독하기를 하나마나한 것으로 만들 수 있습니다. 선생님이 창의적인 역량을 발휘한다면 얼마든지 재미있고 유익한 낭독 연습이 될 수 있습니다. 그러니까 단체 낭독을 할 때 낭독하는 그룹이나 낭독하는 부분을 여러 가지로 변형하여 반복 횟수를 늘리면서도 지루하지 않고, 학생들의 집중력을 높이면서도 재미있게 낭독 연습을 할 수가 있게 됩니다. 예를 들어, 낭독하는 그룹을 남학생과 여학생, 짝수 번과 홀수 번 또 목소리가 굵고 낮은 알토 그룹과 높은 소프라노 그룹 등으로 나누어 누가 더 낭독을 잘하는지 해 보자고 제안을 할 수도 있겠습니다. 낭독하는 부분도 짝수와 홀수로 나누어 읽게 하면 텍스트에 보다 더 집중할 수 있게 됩니다. 한 사람씩 숫자를 늘려가면서 읽기도 하고, 거꾸로 한 사람씩 줄여가면서 읽기도 하는 등 여러 가지 창의적인 조합을 만들어 낭독을 하게 하면 학생들은 몇 번이나 똑같은 텍스트를 읽으면서도 매번 새로운 텍스트인 것처럼 지겨워하지 않을 수 있습니다.

이 Choral Reading은 평소 지나치게 과묵한 학생이나 읽기 수준이 낮은 학생들에게 특히 도움이 됩니다. 텍스트를 몇 번 반복해서 낭독을 하면 다른 사람의 낭독을 따라 유창한 낭독 형태를 스스로 익힐 수 있는 기회가 제공되기 때문이지요. 낭독하는 것을 창피하게 생각하는 학생들에게 초기 낭독의 껄끄러움이나 불안감을 씻어줄 수 있는 방법이기도 합니다. Paired Reading(함께 낭독하기)과 마찬가지로 함께 낭독 연습을 함으로써 단체 의식(Team/Community Building)을 높이는 계기로 삼을 수도 있습니다.

영어 낭독 훈련 방법 3
Repeated Reading(반복해서 낭독하기)

머리로 아는 것을 실천할 수 있도록 그리고 잘할 수 있도록 만들어 주는 것이 바로 반복의 힘입니다.

골프를 예로 들어보면, 책이나 영상 또는 레슨을 통해 골프 잘 치는 법에 대한 사전 지식은 풍부해도 자신이 구슬땀을 흘리지 않으면 아무 소용이 없습니다. 오로지 반복연습을 통해서만 골프를 잘 칠 수 있게 됩니다. 자신이 가장 약한 부분을 코치에게서 배우고 부단히 연습하여 완성하게 되면 그것이 몇 개월 과정의 골프 학교를 졸업한 것보다 차라리 실전에 더 큰 도움이 됩니다. 이처럼 머릿속에 이론만 가득한 것보다는 반복연습이 중요합니다. 뭐든 사고와 행동에 완전히 배어들게 하려면 일정한 시간 간격을 두고 주기적으로 반복하는 것이 가장 좋은 방법이니까요. 영어도 마찬가지입니다.

Repeated Reading(반복해서 낭독하기)은 말 그대로 같은 텍스트 지문을 반복해서 읽으면서 유창성을 강화시키는 방법입니다. 보통 처음 보는 텍스트를 읽을 때 모르는 어휘나 표현이 나오면 가독성은 떨어지게 됩니다. 또 한 단어씩 띄엄띄엄 읽어 나가는 습관을 가졌거나 영어 문장의 사고 단위 thought group 에 대한 지식이 없는 학생도 정확성과 속도 면에서 낮은 읽기 수준을 보일 것입니다. 이런 현상이 나타나면 매끄럽게, 즉 '유창하게' 텍스트를 읽을 수 없고 결과적으로 이런 방해 요소가 텍스트에 대한 이해도 comprehension 를 떨어뜨리게 됩니다. 이때 이 Repeated Reading 방법을 통하여 텍스트를 반복해서 읽게 되면 정확성과 속도가 높아지면서 유창성이 크게 좋아지고, 결국 이해도 역시 증가하게 됩니다. 이렇게 반복되는 낭독 경험이 쌓이면서 읽기 능력이 향상되면 처음 접하게 되는 텍스트에도 이 능력이 전이 transfer 되어 이해도가 훨씬 높아질 수 있게 됩니다.

　이 낭독 방법으로 연습을 할 때 친구나 동료, 선생님 또는 엄마가 연습에 같이 참여하여 틀리게 읽은 단어의 개수와 낭독 속도를 기록하고 관리해 주는 것이 좋습니다. 혼자 낭독을 할 수도 있고 선생님이나 엄마가 시범 보이는 것을 모방하도록 할 수도 있습니다. 이런 반복으로 낭독 실력이 일정 수준에 도달했다고 판단되면 조금 더 높은 수준의 텍스트를 가지고 또 낭독 연습을 반복하면 됩니다. 텍스트 분량은 너무 많지 않은 것이 좋은데 반복연습을 할 것이기 때문에 읽어야 하는 분량이 너무 많으면 몇 번 반복하지 못하고 쉽게 지칠 수가 있습니다. 보통 5분을 전후로 낭독을 끝낼 수 있는 500단어 정도의 지문이 적절합니다.

시중의 챕터북(예 : 매직트리하우스)들이 약 5000단어 수준이므로 이것을 매주 한 챕터씩 10주 분량으로 나눠 읽기 연습을 하면 좋습니다.

영어낭독 훈련방법 4
Recorded Text Reading (녹음 자료로 낭독하기)

    Repeated Reading(반복해서 낭독하기)에서 선생님이나 엄마가 모델 스피커model speaker의 역할을 하는 것을 카세트테이프나 오디오 CD가 대신 할 수도 있습니다. 특히 학생 수가 많은 상황이거나 선생님 또는 엄마가 시범을 보이는 데 어려움이 있을 경우 활용할 수 있는 방법입니다. 원어민과의 수업을 선호하는 한국적 상황에서 학교 선생님이나 엄마가 아이들 앞에서 시범을 보이는 것을 꺼려하는 경우도 있고, 학생들이 원어민 발음을 더 원하는 경우도 있으니까요. 요즘 시중의 챕터북들은 대부분이 CD나 MP3를 제공하니까 녹음 자료를 가지고 낭독하는 이 방법이 더 적합한 형태가 될 수 있습니다.

    이 방법은 오디오의 전문 성우를 모델 스피커로 삼아 낭독 연습을 할 수 있습니다. 전문 성우들은 감정 표현에 있어서 보다 생동감이 넘치기 때문에 좀 더 재미있게 연습할 수도 있습니다. 가정이나 교실의 한 공간에 오디오 자료와 오디오 플레이어를 설치해 두고 Oral Reading Center(낭독 센터)*라고 이름을 붙여 주면 아이들이 낭독 연습을 대하는 태도가 달라질 겁니다. 학생들이 개별적으로 또는 팀 단위로 번갈아 가며 특정 시간에 그곳에서 낭독 연습을 할 수 있도록 반을 운영할 수도 있습니다. 이때 학생들이 오디오 플레이어 장치를 함부로 다룬다거나 모델 스피커를 건성으로 따라할 수 있기 때문에 감독과 사후 관리를 할 수 있는 절차를 반드시 포함하는 것이 좋습니다.

영어 낭독 훈련 방법 5
Performance Reading (무대에서 낭독하기)

학습 도중 여러 가지 감각을 동시에 활용하면 훨씬 더 효과가 있습니다. 그래서 요즘 몸으로 영어를 체득한다는 명분 하에 영어 수업에서 동화 구연이나 연극을 많이 활용하고 있습니다. 그런데 이런 동화 구연이나 연극은 일종의 행사적인 성격이 있어서 의상이나 무대 세트 등을 준비하는 부담이 큽니다. 또한 대사와 동작을 암기해야 하므로 장기간의 연습 시간이 필요하기도 하고, 학생들은 무대에서 대사를 까먹는 실수를 두려워하여 쓸데없는 긴장을 하기도 합니다.

＊Oral Reading Center (낭독 센터)

Repeated Reading Center 또는 Radio Station으로 표현하기도 합니다. 교실의 한 부분이나 한 교실을 지정하여 카세트 플레이어, CD 플레이어, 컴퓨터 등 오디오를 재생할 수 있고 또 녹음까지 가능한 환경을 만들어 그곳을 낭독 센터로 지정합니다. 조를 나눠 조별로 낭독 연습을 해볼 수도 있고, 수준이 현저히 낮은 학생들을 위한 특별 세션(Session)도 운영해 볼 수 있겠습니다. 연습 상황을 마치 라디오 성우가 낭독하고 그것을 동시에 녹음하는 상황처럼 운영한다면 학생들이 보다 더 진지하고 의욕적으로 참여할 수 있을 것입니다. 그러면 보다 높은 수준의 유창한 낭독이 이루어지면서 결과적으로 읽기와 말하기 교육에 더 큰 효과를 누릴 수 있게 됩니다.

Performance Reading(무대에서 낭독하기) 방법은 특별한 의상 준비 없이도 비슷한 효과를 거둘 수 있습니다. 특히 대본을 들고 낭독하는 형태이기 때문에 동화 구연이나 연극처럼 대사를 외워야 하는 부담이나 대사를 까먹는 실수를 두려워할 필요가 없습니다. 덜 부담스러우면서도 비슷한 효과를 내는 무대에서 낭독하기를 활용해 보세요.

Repeated Reading(반복해서 낭독하기) 연습은 유창성을 증대시켜주는 데 큰 효과가 있지만 학생들이 똑같은 내용을 반복하면서 다소 지루함을 느낄 수도 있습니다. 학생들이 지루하게 느낄 때쯤 같은 텍스트를 가지고 공연을 해 본다면 또 다른 목적 의식을 심어줄 수 있습니다. 언어 습득에 꼭 필요하다고 흔히들 얘기하는 '임계점 수준 돌파'를 위해서는 일정 분량의 목표 언어에 대한 노출이 반드시 선행되어야 합니다. 이렇게 같은 텍스트를 반복 연습하도록 만드는 것은 언어 학습에 있어서 중요한 의미를 가집니다. 매번 새로운 것을 학습하는 것보다 반복하여 쌓이는 형태로 학습하는 것이 더 효과적이니까요. 낭독 연습한 것을 가지고 또 다른 형태로 동기부여를 하며 반복연습을 시킬 수 있는 이 Performance Reading(무대에서 낭독하기) 방법은 임계점 돌파 수단으로 훌륭한 대안이 될 수 있습니다.

그리고 Performance Reading(무대에서 낭독하기) 방법이 중요한 또 하나의 이유는 낭독 연습으로 인한 유창성 증대 효과뿐만 아니라 이해도 comprehension 증가 측면에서 보완적인 효과가 있기 때문입니다. 낭독 활동에 즐겁게 참여하는 아이들도 있고, 반복을 귀찮게 여기면서 대충하고 넘어가려는 아이들도 있습니다. 학습법만의 문제가 아니라 그 학생의 주변 환경까지 고려를 해 봐야겠지만, 대충하고 넘어가려는 아이들에게 남들 앞에서 퍼포먼스(공연)를 해야 한다는 것은 이 낭독 연습 활동에 충실해야만 하는 이유와 동기를 부여할 수 있습니다.

또 이런 학생들에게 Repeated Reading(반복해서 낭독하기)을 시켜보면 빨리 읽기에만 집중하는 경향을 보입니다. 유창성의 다른 요소, 즉 적절한 끊어 읽기나 정확한 발음, 억양, 강세는 무시하고 마치 읽는 기계마냥 속도에만 집착해서 낭독 횟수를 채우고는 나중에 낭독한 내용을 물어보면 자기가 뭘 읽었는지도 모르는 경우가 많습니다. 이때 이 방법을 활용하게 되면 자기가 낭독하는 텍스트의 내용을 더 잘 이해하게 되고 속도에만 집착하는 습관을 고칠 수 있는 계기가 되기도 합니다. 자기가 맡은 캐릭터가 어떤 감정인지 표현을 해야 하기 때문에 유창성의 한 요소인 Reading Expressively(풍부하게 표현하며 읽기) 실력도 한층 나아지게 됩니다.

영어낭독 훈련방법 6
Read Around (돌아가며 낭독하기)

낭독 연습이 힘든 이유를 물어보면 낭독 연습을 할 때 배가 고프다는 얘기를 많이들 합니다. 낭독 연습을 제대로 하면, 목이 마르거나 아프기도 하고 육체적인 피로감을 느낄 수도 있습니다. 이때 학생들에게 쉴 틈을 주고 자신이 낭독했던 부분을 되돌아 볼 수 있게 한다면 낭독 연습의 효과를 한층 높일 수 있습니다. 바로 Read Around(돌아가며 낭독하기)로 이런 효과를 얻을 수 있는데, 지금까지 낭독 연습을 한 내용 중 가장 재미있는 부분을 골라 돌아가며 낭독하는 방법입니다.

자기가 낭독하고 싶은 부분을 선택하게 하고 낭독 연습 시간을 줍니다. 그 후 앞에 나오거나 자기 자리에서 선택한 부분을 돌아가며 낭독하게 합니다. 낭독 순서가 끝나면 조금 쉴 틈을 가질 수도 있고, 낭독 후 낭독자에게 다른 학생들이 피드백을 해준다면 자신이 낭독한 부분을 스스로 되돌아 볼 수 있게 되기도 하니까 낭독자의 실력 향상에 도움이 됩니다. 마지막으로 학생들끼리 자신이 왜 그 부분을 선택했는지에 대해 토론을 하면서 발표를 한다면 해당 텍스트를 다시 한 번 되돌아보는 시간을 가질 수 있습니다.

또 다른 형태의 Read Around(돌아가며 낭독하기)는 수업 시간이 아닌 방과 후 다른 사람들 앞에서 할 수도 있습니다. 부모님이나 아는 사람들 앞에서 자신이 연습한 내용 중 제일 자신있는 부분을 낭독하고 낭독 연습지에 서명 또는 피드백을 받아오게 할 수도 있습니다. 누가 더 많은 서명을 받아오는지 콘테스트를 해보기도 한다면 동기부여도 되고, 좀 더 즐겁게 낭독 연습을 할 수도 있게 됩니다.

영어 낭독 훈련 방법 7
Discovery Reading (찾으며 낭독하기)

이 방법 역시 위의 Read Around(돌아가며 낭독하기)처럼 지금까지 낭독한 내용을 재활용하면서도 의미 있는 낭독 연습을 지속하게 할 수 있는 방법입니다. 학생들이 낭독 연습을 조금 지루하게 느낄 때 활용하면 좋습니다. 지금까지 연습한 내용을 바탕으로 선생님이 질문을 만들고 학생들은 질문에 대한 답을 찾아서 그 부분을 다시 낭독해 보도록 합니다. 이런 형태의 수업을 염두에 두고 낭독 텍스트를 선정할 때 보다 넓은 범위에서 고르는 것이 바람직합니다. 이 방법으로 낭독 훈련을 할 때는 학생들이 이미 많이 접하는 동화책 이외에도 논픽션 자료, 즉 사회social studies나 과학science 과목의 텍스트도 훌륭한 교재가 될 수 있습니다.

이 방법의 변형으로 스토리 맵story map 채우기 형태의 수업을 진행할 수도 있습니다. 먼저 스토리 맵 양식을 학생들에게 나눠주고 선생님이 어떤 스토리를 낭독합니다. 학생들은 선생님의 낭독을 들으며 스토리 맵을 채우게 되겠지요. 세팅setting, 즉 때와 장소time & place 그리고 주요 등장인물main characters, 문제 상황problem, 사건events, 결말resolution을 채우면서 스토리의 내용을 이해하게 됩니다. 스토리의 텍스트를 나눠주기 전에 발표를 하면서 동료 학생들이 어떻게 스토리를 이해했는지 알아보는 시간을 갖습니다. 그런 다음 선생님이 낭독한 스토리의 텍스트를 학생들에게 나눠주고 텍스트에 대해 설명을 자세히 해 줍니다. 이후 위에서 설명한 다양한 방법들로 낭독 연습을 하면서 수업을 마무리하면 됩니다.

Read Around(돌아가며 낭독하기)와 Discovery Reading(찾으며 낭독하기) 이 두 가지 방법은 수업 시간에 낭독 연습을 한다고 하면서 자칫 도입 의도와는 달리 효과가 저조한 수업을 하게 되는 실수를 방지할 수 있게 해 줍니다. 일반적으로 선생님이 흔히 저지르는 실수는 학생을 한 명씩 지목하여 낭독을 시키는 것입니다. 이러한 방식을 특별히 Round Robin Reading이라고 하는데, 〈쉬어가기 코너〉에서 보다 자세하게 그 피해를 소개해 보지요. 선생님 입장에서 쉽고 편하기 때문에 이런 방식의 수업은 지금도 교실에서 행해지고 있습니다만 되도록 피해야 할 수업 방식입니다.

낭독 훈련 방법을 복합적으로 활용한 한국형 낭독 수업 모델은?

그럼 지금까지 설명한 다양한 영어 낭독 훈련 방법들을 조합하여 학습 상황별로 실행할 수 있는 수업 모델을 제시해 보겠습니다.

1) 개인이 스스로 학습할 때

훈련 방법	- Repeated Reading - Recorded Text Reading - Performance Reading
학습 전	자신이 흥미를 느끼는 텍스트 자료를 준비한다. 크게 욕심 내지 말고 수준에 맞는 자료를 선정한다. 개인적으로 낭독 훈련을 하는 상황에서 유창한 수준의 상대방을 구하기 쉽지 않을 것이므로 되도록 오디오가 딸린 텍스트를 구하도록 한다. 개인적으로 코칭을 해 줄 사람이 주위에 있는지 살펴보고 도움을 요청하도록 한다. 낭독 훈련 절차에 대해서도 자료를 찾아보면서 자기 나름대로의 낭독 훈련의 틀(frame)을 마련하고, 일정 기간 동안 지속적으로 실천할 수 있도록 계획을 철저히 세운다.
본 학습	1. 우선 낭독 연습을 할 텍스트에서 그날 진도 분량을 읽으며 내용을 잘 이해하도록 한다. 2. 중얼거리는 형태로 그날 진도 분량을 소리 내어 읽어 본다. 3. 오디오에만 의존하여 큰 소리로 따라 읽기를 반복적으로 실시한다. 4. 텍스트를 보면서 오디오와 텍스트를 맞춰가며 큰 소리로 따라 읽기를 반복적으로 실시한다. (※3번과 4번은 순서가 바뀌어도 좋음.) 5. 자신이 어느 정도 유창한 실력에 도달했다고 느낄 때, 즉 오디오와 비슷한 정도로 모방이 가능하다고 판단될 때 자신의 낭독을 녹음해 본다.
학습 후	훈련 시간과 진도 등을 기록하면서 해당 주의 낭독 훈련 세션을 되돌아보고 다음 주 낭독 훈련에 필요한 사항 등을 준비한다.
평가	개인적인 낭독 훈련에서 스스로 평가하기가 쉽지 않으므로 자신의 낭독을 녹음하여 제3자의 피드백을 구한다. 피드백에 들어갈 평가 항목에 대해 자료를 찾아보면서 현재 자신의 영어 공부 목적과 관련하여 자신에게 필요한 평가 요소를 설정해 본다. 주요 평가 항목으로는 발음, 리듬, 끊어 읽기 등이 있다.

2) 엄마가 지도할 때

훈련 방법	- Paired Reading - Echo Reading - Recorded Text Reading - Read Around	- Mentor Reading - Repeated Reading - Performance Reading - Discovery Reading
수업 전	자녀가 흥미를 느낄만한 텍스트 자료를 수집한다. 엄마가 낭독 시범을 보일 수 없는 상황을 고려하여 오디오가 딸린 텍스트 자료도 충분히 구하도록 하고, 오디오 플레이어와 녹음을 위한 기기들도 준비한다. 수업 전 연습할 텍스트를 미리 읽어 보면서 어휘와 내용을 충분히 숙지한다.	
본 수업	매일 조금씩 지속적으로 실시하도록 하고, 엄마가 낭독 훈련을 중요하게 여기며 영어 낭독 훈련이 실력 향상에 중요한 활동임을 자녀가 인지할 수 있도록 돕는다. 처음 낭독 훈련을 한다면 Mentor Reading, Echo Reading을 Repeated Reading과 적절히 섞어서 계획한 낭독 훈련 절차에 따라 실시해 본다. 낭독 실력이 향상됨에 따라 동기부여 차원에서 Performance Reading을 하며 녹음도 함께 해 본다. 잘된 녹음은 주위에 자랑을 하며 자녀에게 자신감과 즐거움을 줄 수 있도록 한다. 온 가족이 참여하는 가족 공연도 함께 준비해 본다.	
수업 후	낭독 일지를 만들어 자녀의 낭독 활동을 기록한다. 가족의 생활 패턴에 따라 엄마와 자녀가 가장 적절하게 활용할 수 있는 낭독 훈련 방법을 정착시키고 조금씩 개선을 해 나가도록 한다. 자녀가 성장함에 따라 필요하다고 판단되는 텍스트 자료를 계속 발굴한다.	
평가	자녀의 낭독 수준이 낮은 경우 특정 평가 항목으로 평가하기 보다는 칭찬과 격려를 많이 해 준다. 정확성과 유창성, 나아가 노력의 정도까지 평가에 넣는 것이 좋다. 주요 평가 항목은 정확성, 표현성, 끊어 읽기, 자연스러움 등이다.	

3) 학교 수업에서 활용할 때

훈련 방법	- Paired Reading - Shared Reading - Mentor Reading - Echo Reading - Choral Reading - Repeated Reading - Recorded Text Reading - Performance Reading - Read Around - Discovery Reading
수업 전	학생들이 흥미를 느낄만한 텍스트 자료를 수집한다. 여러 번 낭독 훈련을 해도 지루하지 않을 수 있는 자료면 더욱 좋다. 동화책이나 문학적 내용뿐만 아니라 논픽션으로 역사, 사회, 과학 관련 자료도 포함한다. 낭독 센터(Oral Reading Center) 설치를 염두에 두고 지원을 요청할 사항의 목록을 작성한다.
본 수업	위 여러 가지 훈련을 활용하여 다양한 방식으로 수업을 계획한다. 학급 인원이 많지 않거나 자원봉사자를 활용할 수 있는 상황이면 학생 각자와의 일대일 낭독 훈련을 고려하고, 그렇지 못한 상황인 경우 Choral Reading(단체 낭독하기)을 활용한다. 낭독 수준을 평가해 학생들을 나누고 높은 수준과 낮은 수준의 학생들을 섞어서 조를 편성한다. 팀 단위로 나중에 Performance Reading(무대에서 낭독하기)에 발표할 연극을 정해 주고 학생들의 피드백을 근거로 우승자를 선정한다고 공지한다. 팀은 각각의 구성원들이 정확성과 유창성을 향상시킬 수 있도록 Paired Reading(함께 낭독하기)을 구성원끼리 실시하여 공연할 낭독 내용을 연습해 나간다. 발표하는 낭독의 수준이 향상되기 시작한다고 판단되면 학년 전체 낭독 페스티벌을 개최한다고 공지하여 다른 반의 학생이나 선생님도 참관하게 해서 낭독 연습을 보다 확산시킬 수 있도록 한다. 팀의 조장은 구성원들의 낭독 훈련 과정을 일지에 기록하고, 낭독 센터를 활용하여 팀별 낭독을 녹음하면서 각 구성원들의 처음과 마지막의 낭독 실력을 기록에 남기도록 한다. 선생님은 팀별 미팅 그리고 개별 학생과의 미팅을 수시로 가지면서 실력을 평가하고 기록한다.
수업 후	팀별 또는 학급 단위로 잘 활용되거나 그렇지 못한 낭독 방법과 활동 내용을 선별해 지속적으로 보다 나은 낭독 훈련이 될 수 있도록 개선해 나가도록 한다.
평가	낭독 훈련과 관련된 자료를 참고하여 낭독 평가 항목을 설정하도록 한다. 정확성과 유창성을 측정할 수 있는 요소로 평가 항목을 구성하고 선생님에 의한 개별 학생 평가와 팀 단위 평가, 학생 스스로의 자기 평가가 가능한 체크리스트를 만들도록 한다.

쉬 | 어 | 가 | 기

낭독 연습 시 피해야 할 방법들도 있다

오래전 대학을 다닐 때 한 교수님은 교실에 앉은 순서대로 학생들에게 전공 책을 낭독하게 한 다음 아주 가끔씩만 설명을 곁들이셨는데, 지금 이런 방식으로 수업을 진행한다면 비싼 등록금이 아까워서라도 학생들로부터 항의가 대단할 것입니다. 물론 그 당시 교수님은 학생들이 워낙 책을 읽지 않으니까 고육지책으로 이렇게 해서라도 학생들에게 책을 읽히려고 했을지 모릅니다. 교실에서 이런 비슷한 경험들이 있을 텐데요, 영어 수업 시간에 선생님이 학생을 한 명 지목하여 책을 읽어보라고 하는 것도 이런 경우입니다. 보통 그 날 날짜와 같은 번호의 학생 또는 주변이 가장 먼저 지명되곤 했습니다.

이렇게 수업시간에 지목받은 학생들이 돌아가면서 책을 낭독하는 방식을 영어로 Round Robin Reading(돌아가며 낭독하기)이라고 하는데 아주 나쁜 낭독 방식이라고 할 수 있습니다. 여러 가지 부작용 때문인데요, 이런 수업은 상당히 긴장되고 불쾌한 느낌을 갖게 합니다. 누가 지목 당할지 모르기 때문에 쓸데없는 긴장감을 조성하게 되고 다른 학생이 낭독을 할 때 잠깐 딴 생각을 하고 있었거나 낭독하는 속도가 느려 자기는 훨씬 앞부분을 읽고 있다가 갑자기 지목을 당하면 어디를 읽어야 할지 몰라 야단을 맞기도 하고, 창피를 당하기도 합니다. 또 읽는 중간에 실수를 많이 하게 되는데 이것은 미리 낭독 연습을 하지 않은 이상 당연히 일어날 수 있는 현상인데도 선생님은 공개적으로 나무라는 투로 고쳐주는 경우가 많기 때문에 학생들은 부끄럽게 느껴지게 되는 거지요. 이렇게 낭독을 하다보면 내용을 이해하기 보다는 어떻게 하면 실수 없이 빨리 읽고 내 차례를 넘겨 버릴까만 생각해 실제로 자신이 읽은 분량에 대해서도 내용은 하나도 기억이 나지 않는 경우가 많습니다. 그리고 낭독을 한 학생은 다시 지목을 당할 확률이 적기 때문에 마음 놓고 딴 짓을 하기도 합니다.

또 학생들마다 독해 능력이 다른 것을 인정하지 않고 아무 학생이나 지목하여 낭독을 시키는 것도 문제인데 읽기 수준이 아주 낮은 학생이 더듬더듬 고통스럽게 읽어 나가는 모습은 읽는 자신도 괴롭지만 옆에서 듣고 있는 학생들이 더 괴롭게 느낄 수 있습니다. 능력이 월등한 학생들에게는 이런 방식의 수업이 흥미를 급격히 저하시키고 학습 의욕마저 사라지게 할지도 모릅니다.

Chapter 3
긴 문장을 매끄럽게 낭독하는 요령 익히기

"The coin tosser who gets the most 'heads' is the one who gets the most tosses.
(동전을 제일 많이 던진 선수에게 '앞면'이 제일 많이 나온다.)
- 데일 도튼, The Max Strategy

    지금부터는 영어 낭독 훈련을 할 때 겪을 수 있는 구체적인 내용에 대해 살펴볼까 합니다. 실제 영어 낭독을 하면서 부딪치는 상황들에 대해 다뤄볼 텐데요, 영어 낭독 훈련을 하면서 가장 힘든 부분 중 하나인 긴 문장 낭독하기란 산을 먼저 넘어 보겠습니다. 짧은 문장을 가지고 낭독 훈련을 한다면 혼자서도 큰 어려움 없이 할 수 있습니다. 짧은 문장 낭독을 꾸준히 연습하는 단계도 물론 있겠지만, 우리 목표가 적어도 CNN 뉴스를 술술 따라 말할 수 있을 정도의 수준이 되려면 긴 영어 문장을 매끄럽게 낭독하는 요령을 터득해야만 합니다.

    전체 글의 분위기에 맞춰 감정을 살려 낭독하려면 그 글에 대한 이해를 해야 하고, 글을 이해하려면 결국 글을 구성하고 있는 문장에 대해 잘 알아야 합니다. 바로 영어 문장에 관한 이야기를 해 보려고 합니다.

영어로 된 글을 보다 잘 이해하고 낭독할 수 있기 위하여 긴 문장에 대해 꼭 알아두어야 할 내용을 소개해 보겠습니다.

재미있는 연구 결과가 있는데 학생들이 영어로 된 글을 눈으로 읽을 때보다 선생님이 소리 내어 읽어 주었을 때 읽은 내용을 보다 더 잘 이해했다고 합니다. 선생님이 적절하게 덩어리가 나눠지는 곳에서 끊어 읽어주었기 때문입니다. 그 연구는 또 중·고등학생들에게 소리 내어 읽기를 실시한 결과 약 70%의 학생들이 소리 내어 읽기를 통해 영어에 대한 흥미를 찾았다고 하고, 75%의 학생들이 의미 단위로 끊어 읽기와 강세 그리고 억양에 주의하며 여러 번 소리 내어 읽기를 하다 보니 문법과 번역에 의존하지 않고도 주어부와 서술어부 그리고 수식어부를 구분하게 되었다고 합니다. 특히 85%의 학생들이 긴 문장의 발음에 자신감이 생겼다고 대답을 했습니다.

한국에서 영어 교육을 받은 우리가 특히 스피킹에 약한 이유는 입으로 소리 내어 훈련하는 과정을 무시 또는 등한시했기 때문입니다. 스피킹의 출발점은 파닉스 phonics 수준의 발음 학습도 아니고, 원어민 회화반 수업에 바로 들어가는 것도 아닙니다. 물론 이런 학습도 적절한 시기에 꼭 필요한 활동들이지만 한국적 현실에서 스피킹의 출발점은 바로 문장 단위 이상의 이야기를 풍부한 감정을 실어서 큰소리로 따라 말하는 것이 됩니다.

문장이 길어지는 이유가 뭘까?

미국에 거주할 때 이웃집에 부모님을 따라 한국에서 이민 온 자매가 살았습니다. 큰 딸아이는 중학교 3학년, 작은 딸은 초등학교 5학년을 마치고 왔더군요. 둘 다 이민 온지 얼마 되지 않아 영어 때문에 고생이 많았는데, 가끔 숙제한 걸 갖고 와서 물어보곤 했습니다. 하루는 언니가 우거지상을 하고 왔기에 무슨 일이냐고 물었더니 숙제 때문에 학교에서 창피를 당했답니다. 어린 시절의 추억에 관한 작문 숙제였는데 시간이 없어 동생 것을 비슷하게 베껴서 냈다고 해요. 동생도 그와 비슷한 주제 작문을 해서 제출했는데 선생님께 칭찬을 많이 받았다고 자랑을 하기에, 그냥 비슷하게 써서 냈다고요. 다음과 같은 내용이었습니다.

⟨A peach tree in my hometown in Korea⟩

There was a peach tree. It was large.

And it was in our back yard.

It was very tall. And it was very beautiful.

In the summer there were peaches.

There were many. I felt hot in the summer.

Sometimes the wind blew.

I went under the peach tree. It was very cool.

There I waited patiently.

The peaches would ripen.

When one became red and big enough, I would eat it.

Its water would be juicy and sweet (중략)

갓 이민 온 초등학생치고는 괜찮은 작문이라 아마 선생님이 칭찬을 많이 해줬던 것 같습니다. 언니는 이 글의 peach를 apple로 바꿔 비슷하게 써서 제출을 했는데 작문 선생님이 글을 이렇게 쓰면 안 된다고 글의 일부를 표본으로 학생들에게 보여줬다고 합니다. 물론 이름을 밝히진 않았겠지만 본인은 상당히 창피했을 테고, 점수도 거의 낙제점에 가깝게 받았다고 합니다. 초등학생은 칭찬을 받았던 똑같은 글이 왜 고등학교 1학년생에게는 낙제점으로 돌아왔을까요? 만약 그 언니가 한글로 번역된 동생의 글을 봤다면 좋은 글이라 여기고 비슷하게 써서 작문 숙제로 제출하진 않았을 것입니다. 영어로 되어 있으니 그냥 별 생각 없이 그렇게 했다고 생각이 드는데요, 언니의 작문 선생님은 이 글을 choppy sentences(조각 글)로 단순한 문장 나열의 전형이라고 봤던 겁니다.

여기서 문장에 대한 중요한 개념을 하나 알 수 있습니다. 내 몸이 성숙해져가듯 내 문장도 성숙해져야 한다는 것인데요, 몸이 성숙한 만큼 성숙한 사고(思考)를 표현할 수 있어야 합니다. 나이가 들면 그에 걸맞게 '성숙한 문장'으로 말과 글을 생산해 낼 수 있어야 한다는 말입니다. 그럼 과연 성숙한 문장이란 뭘까요?

이제 영어 문장 이야기를 본격적으로 해 볼까요? 문장이 도대체 왜 길어질까요? 다음 글을 가지고 생각해 보도록 합시다.

> 만유인력(萬有引力, universal gravitation)이란 우주의 모든 물체 사이에 작용하고 있는 서로 끌어당기는 힘을 말하는데, 1665년 뉴턴은 케플러가 발견한 행성 운동에 관한 3가지 법칙을 이용하여 귀납적인 방법으로 만유인력이 존재함을 발견했다. 그는 사과를 나무에서 떨어뜨리는 힘이나 지구를 태양 주위로 돌게 하는 힘이 모두 같은 종류의 힘이라고 발표했다. 그의 발견으로 인해 우주에 있는 모든 물체들이 서로를 끌어당기고 있다는 사실이 세상 사람들에게 널리 알려지게 되었다.

만유인력을 설명한 세 문장으로 된 글입니다. 그런데 세 문장이 모두 긴 문장이라서 초등학교 고학년 정도는 되어야 내용을 이해할 수 있을 것 같습니다. 평소에 독서를 많이 하지 않은 사람이라면 사고력이 약해 어른이라도 읽기 힘들 수도 있고요.

분석력이 떨어지는 사람들은 대체적으로 수학을 싫어하는데, 단순 계산 이상으로 몇 단계 절차를 거치는 수학 문제를 풀라고 하면 그냥 두 손을 들어 버리고 말듯이 그런 사람들은 글 읽기에서도 마찬가지의 경향을 보입니다. 이처럼 길고 복잡한 문장을 만나면 생각이 꼬여서 몇 줄 읽다가 포기를 해 버리기도 합니다.

첫 문장을 보면 두 문장이 '이어져' 있는 것을 볼 수 있습니다. 즉, '만유인력이란 … 힘이다'와 '뉴턴이 … 발견했다' 이렇게 말입니다. 그런데 각각의 문장 안을 들여다보면 더 세부적인 정보로 쪼갤 수 있습니다.

> 만유인력(萬有引力, universal gravitation)이란 우주의 모든 물체 사이에 작용하고 있는 서로 끌어당기는 힘을 말하는데,
> 1) 만유인력은 힘을 말한다.
> 2) 그 힘은 우주의 모든 물체 사이에 작용하고 있다.
> 3) 그 힘은 서로 끌어당긴다.
>
> 1665년 뉴턴은 케플러가 발견한 행성 운동에 관한 3가지 법칙을 이용하여 귀납적인 방법으로 만유인력이 존재함을 발견했다.
> 1) 1665년에 뉴턴은 존재를 발견했다.
> 2) 뉴턴은 행성 운동에 관한 3가지 법칙을 이용했다.
> 3) 케플러가 그 법칙을 발견했다.
> 4) 뉴턴은 귀납적인 방법을 썼다.
> 5) 만유인력이 존재한다.

나눠 보니 '이어진' 두 문장 안에 각각 여러 문장들이 '안겨' 있습니다. 하나의 긴 문장을 8개 정도의 더 작은 문장들로 쪼개서 표현을 해도 같은 의미가 됐습니다. 그 뒤 한 문장도 확인해 볼까요?

그는 사과를 나무에서 떨어뜨리는 힘이나 지구를 태양 주위로 돌게 하는 힘이 모두 같은 종류의 힘이라고 발표했다.

1) 그는 발표했다.

2) 사과를 나무에서 떨어뜨리는 힘이 있다.

3) 지구를 태양 주위로 돌게 하는 힘이 있다.

4) 그 둘은 모두 같은 종류의 힘이다.

역시 한 문장 안에 여러 문장들이 '안겨' 있는 것을 확인할 수 있습니다. 이렇게 문장은 '잇고 안기고' 하면서 길어지고 이런 문장이 성숙한 문장이라는 것을 알 수 있습니다.

고등학생인 언니가 단순히 나열됐던 문장들을 이렇게 이어지고 안기는 결합을 통해 좀 더 성숙한 영어 표현으로 숙제를 고쳐 냈더라면 분명 칭찬을 받았을 겁니다.

그럼 앞에서 초등학생 동생이 쓴 글을 좀 더 성숙한 영어로 표현해 볼까요?

⟨A peach tree in my hometown in Korea⟩

There was a large peach tree in our back yard. It was not only tall and beautiful, but in the summer there were also many peaches. When I felt hot in the summer, I went under the peach tree, because, as the wind blew, it's very cool under the tree. There I waited patiently for the peaches' ripening. When one of them became red and big enough, I would enjoy its juicy and sweet water.

영어 문장은 어떻게 구성될까?

영어로 'Back to the basics!'이란 말이 있습니다. '기본으로 돌아가자(그러면 해결책이 보이리라)' 정도로 해석하면 됩니다. 보통의 문장은 길고 짧음에 관계없이 아래 세 가지 기본 카테고리 안에 다 들어간다고 보면 됩니다.

1) 누가/무엇이 어찌한다.
2) 누가/무엇이 어떠하다.
3) 누가/무엇이 누구다/무엇이다.

문장이란 완전한 생각 complete thought 을 단어로 연결하여 의사를 전달하는 최소 단위라고 정의됩니다. 문장은 기본적으로 주어 부분과 서술어 부분으로 구성되며 아래 자전거에 비유하여 이해하면 보다 쉽겠습니다.

(주어 바퀴)   (서술어 바퀴)

주어 부분은 '누가 또는 무엇이'에 해당하는 것이고, 서술어 부분은 주어의 누가/무엇이 '뭘 어쨌는지'에 해당합니다. 만약 아래 그림 같이 주어 바퀴와 서술어 바퀴가 하나라도 없어서 균형을 맞추고 있지 않으면 제대로 된 문장이 될 수 없습니다.

예를 들어 볼까요?

(주어)   (서술어)
Monkeys   eat.
Students   speak.

하지만 실제 문장은 위와 같이 그렇게 단순하지가 않습니다.
자전거에 바구니를 둔다고 할 때 바구니를 앞바퀴 쪽에 둘 수도 있고, 중간에 두거나, 뒷바퀴 쪽에 둘 수도 있습니다. 이 바구니 안에 문장을 더 자세하게 또는 더 흥미롭게 만드는 '툴tool(도구)'을 담을 수 있습니다. 바구니를 하나만 달 수도 있고, 필요에 따라서는 앞과 뒤 그리고 또 중간에 여러 개를 더 달 수도 있습니다.

그럼 위의 간단한 문장을 이용해서 주어와 서술어 바퀴 주위에 바구니를 달아 보도록 할까요?

The happy **monkeys eat** *bananas in the zoo.*
(행복한 원숭이들이 동물원에서 바나나를 먹는다.)

All **students** *in our class* **speak** *English very fluently.*
(우리 학급의 모든 학생들은 영어를 매우 유창하게 말한다.)

바구니 안에 단어 툴tool이 하나가 들어가 있기도 하고 여러 개가 들어가서 다시 덩어리를 만드는 것도 볼 수 있습니다. 그리고 간단했던 문장보다 훨씬 더 많은 정보를 전달하고 있습니다. 이처럼 실제 영어 문장은 주어 바퀴와 서술어 바퀴의 주위에 단어들이 더 달라붙어 길어지는 것이 대부분입니다. Charlotte's Web(샬롯의 거미줄)이라는 동화에서 따온 문장들이 있는데 아이들이 즐겨보는 동화 수준에서도 이렇게 길어지는 문장들은 흔히 볼 수 있을 정도입니다.

For several days and several nights, **ants crawled**, *here and there, up and down, around and about, waving at Wilbur, trailing tiny draglines behind them, and exploring their home.*
(개미들은 며칠 밤낮을 여기저기, 아래위로, 또는 바로 옆이나 주위를 기어 다니며 윌버에게 손을 흔들고, 실낱같은 흔적을 남기며 개미굴을 탐험했습니다.)

While the children swam and played and splashed water at each other, **Wilbur the pig amused himself** *in the mud, along the edge of the brook, where it was warm and moist and delightfully sticky and oozy.*
(아이들이 수영을 하며 서로에게 물 튀기기 놀이를 하는 동안, 돼지 윌버는 냇가의 진흙탕에서 혼자 놀았는데 그곳은 축축하고 따뜻했으며 미끈거림이 유쾌했습니다.)

주어 바퀴와 서술어 바퀴 주위에 바구니를 달 때, 즉 단어 또는 단어 덩어리가 붙을 때 크게 세 가지 종류가 있습니다. 단어 또는 단어들만 붙을 수 있고, 단어 덩어리가 붙을 수 있으며, 두 가지가 모두 붙을 수도 있습니다.

1) *The happy* **monkeys eat** *bananas.*〈단어들만〉
2) **Monkeys eat** 〔*in the zoo*〕.〈단어 덩어리만〉
3) *The happy* **monkeys eat** *bananas* 〔*in the zoo*〕.〈단어, 단어 덩어리 둘 다〉
4) 〔*When they are hungry,*〕 *the happy* **monkeys eat** *bananas* 〔*in the zoo*〕.〈단어, 단어 덩어리 둘 다 - 또 다른 종류의 단어 덩어리〉

단어 덩어리에는 두 가지 종류가 있는데, 하나는 3)과 같이 단어의 집합인 경우이고, 다른 하나는 4)와 같이 덩어리 안에 주어와 서술어의 관계가 또 숨어 있는 것입니다. 3)과 같은 단어 덩어리를 구phrase(句)라고 하고, 덩어리 안에 주어와 서술어 바퀴가 존재하면 그걸 절clause(節)이라고 합니다. 이 용어를 너무 어렵게 생각하지 마세요. 기억해 두면 여러모로 편리합니다.

정리해 보면, 생각이 성숙해져야 하듯이 그 생각을 표현하는 문장도 성숙해져야 한다고 했습니다. 성숙한 문장은 긴 경우가 대부분입니다. 왜냐하면 성숙함이란 체계적인 생각을 표현할 수 있다는 말인데, 그렇게 하기 위해서 보다 많은 정보가 필요하니까 길어질 수밖에요. 그럼 한 문장에 정보를 더해 주기 위해 어떻게 했나요? '자전거와 바구니'처럼 주어 바퀴와 서술어 바퀴 주위에 단어 또는 단어 덩어리들을 더 붙여주게 되는 거라고 했습니다.

그런 단어 덩어리를 구phrase와 절clause이라는 문법 용어로 구분을 했습니다. 문장이 길어지는 원리, 즉 긴 문장이 탄생하는 과정은 단순한 문장에 이 구와 절이 추가되기 때문입니다. 이 구와 절은 좀 더 복잡한 정보를 전달하기 위해서라고 했습니다.

실제 영어 낭독 훈련을 하며 레벨이 높아지면서 부딪히는 문장들은 앙상한 뼈대만으로 이루어진 단순한 문장들이 아닙니다. 3)과 4)의 예에서 보듯이 단어와 단어 덩어리들이 복합적으로 달라붙어 무궁무진한 경우의 수를 만들고, 그래서 영어가 어려워지는 것입니다. 한 아이가 이 세상에 문장은 몇 개나 되냐고 묻더군요. '네가 생각할 수 있는 만큼 많이'라고 대답해 줬습니다. 한 문장 안에 구와 절을 추가해서 우리가 생각해 낼 수 있는 만큼 끝도 없이 길고 복잡한 문장을 만들 수 있으니까요.

문법, 생각만으로도 골치가 아프지요? 예를 들어, 'to부정사'를 하도 강조를 하니까 마치 'to부정사'란 게 먼저 존재해서 이걸 배워야만 영어를 잘할 수 있는 것처럼 느껴지기도 합니다. 그런데 문법은 그렇게 복잡한 것이 아닙니다.

갑자기 문법 얘기를 왜 하냐면 만들 수 있는 문장의 개수가 무한대라고 해도 문법 규칙에 따라 분류를 해보면 몇 개 되지 않기 때문입니다.

문법(文法)을 한마디로 말하면 '문(文)장을 만드는 법(法)'입니다. 문법grammar은 절대 문장 이상의 것을 얘기할 수가 없습니다. 문장 이상의 문단이나 글은 작문writing의 영역에 속하는 겁니다. 문법은 우리가 제대로 된 문장을 만들어 내기 위해 쓰는 장치, 즉 도구tool에 지나지 않습니다. 마치 요리사가 단어라는 재료를 가지고 요리법(문법)대로 요리(문장)를 만들어 내는 것과 똑같다고 보면 됩니다.

요리사 음식 재료 + 요리법recipe → 요리dishes
목수   나무 재료 + 설계도blueprint → 건물buildings
영어   단어 재료 + 문법grammar → 문장sentences

한국에서는 영어를 '문법을 위한 문법'을 가르친다는 비판이 있습니다. 예를 들어, 'to부정사'를 문장을 만드는 데 어떻게 활용하면 되는지는 모르면서 '명사적 용법'이니 '부사적 용법'이니 하는 걸 구분하는 데 더 열을 올리는 경우가 많습니다. 아직도 이렇게 가르친다면 잘못 가도 한참 잘못 가고 있다는 것을 알아야만 합니다.

최대한 문법grammar 용어를 사용하지 않으면서 문장 개념을 설명하려니 좀 힘든데, 간단하게 복습 겸 해서 빈칸을 채워 봅시다.

영어 문장이 왜 길어집니까?
→ 단순한 문장에 ○와 ▢이 추가되기 때문입니다.

그럼 ○와 ▢이 어떻게 다른가요?

→ ○는 ☆와 △의 관계가 없는 단어 덩어리이고,

→ ㅁ는 ☆와 △의 관계가 숨어 있는 단어 덩어리입니다.

정답은 이렇습니다.

○ : 구 phrase

ㅁ : 절 clause

☆ : 주어 subject

△ : 서술어 predicate 또는 동사 verb

덩어리 개념을 익히면 쉬워진다

문법이라는 말만 나왔는데도 분위기가 약간 무거워진 것 같습니다. 잠깐 웃어 볼까요?

아빠 가방에 들어갔다.

아빠 가죽을 먹는다.

아빠 가발을 씻는다.

위 문장들을 보면 피식 웃음이 나지요? 물론 올바르게 고쳐 쓰면 이렇게 되겠지요.

아빠 가방에 들어갔다. → 아빠가 방에 들어갔다.

아빠 가죽을 먹는다. → 아빠가 죽을 먹는다.

아빠 가발을 씻는다. → 아빠가 발을 씻는다.

한국 사람이라면 대부분 어렵지 않게 바로 고쳐서 생각할 수 있었을 겁니다. 입으로 말을 해 보면 금방 알 수 있을 테니까요. 이렇게 어릴 때부터 형성된 한국말의 덩어리 감각을 몸에 습득하고 있으니까 가능합니다. 이제 한글을 갓 떼고 받아쓰기 연습을 하는 어린 아이들이 띄어쓰기를 잘못해서 가끔 위와 같이 써놓는 실수를 하곤 하지요. 그러면 온 가족이 웃음을 참지 못해 깔깔대면 아이들은 어리둥절해합니다. 그러다 자기가 쓴 글을 소리 내어 읽어 보면 바로 잘못을 발견하고 같이 덩달아 웃습니다.

우리가 말을 배우는 과정을 다시 돌이켜보면 소리 언어를 거의 완벽하게 익힌 다음 문자 언어의 세계에 들어가게 됐다는 것을 알게 될 거예요. 위와 같은 띄어쓰기 실수를 스스로 곧잘 바로 잡을 수 있는 이유도 소리 언어를 먼저 제대로 익혔기 때문인데요, 이 과정이 하도 자연스러워서 그런지 몰라도 종종 이런 사실을 잊어버리곤 합니다.

이런 까닭에 모국어인 한국말을 할 때 말 덩어리 개념을 특별히 생각해 본 적도 없습니다. 그럴 필요가 없으니까요. 소리 언어에서 익혔던 덩어리 개념이 그대로 문자 언어에도 옮겨와서 띄어쓰기를 하는 데 별 어려움이 없었거든요. 처음 외국인이 한국말을 배울 때는 참 어려운 문제인데 말입니다.

　영어도 마찬가지입니다. 원어민들도 우리가 처음 한국말을 배울 때처럼 소리 언어부터 시작하여 문자 언어로 이어졌을 겁니다. 그래서 그들은 자연스럽게 영어의 덩어리 개념을 익혔을 것임이 당연합니다.

　그런데 한국에서 영어를 배울 때 대부분은 소리 언어가 아닌 문자 언어를 처음 접합니다. 요즘에는 그래도 영어로 된 시청각 자료들이 주위에 차고 넘치지만 불과 몇 년 전만 해도 중학교 1학년 때 영어 교과서를 처음 받아 알파벳부터 배웠습니다.

　가끔 수업 시간에 영어 선생님이 들려주는 교과서 본문 카세트테이프 소리와 방송 또는 극장의 미국 영화 이외에는 전혀 소리 영어에 노출된 경험이 없었습니다. 대부분의 성인들은, 어쩌면 지금도 영어를 배우면서 문자 언어에서 출발하여 언어 습득의 상식적인 순서를 뒤집은 형태로 영어를 공부 한 사람들이 많을 겁니다. 그런 이유로 스피킹이 안되고, 독해도 몇 배나 힘들게 공부했는지 모르겠습니다. 소리 언어에서 당연히 먼저 익혔어야 할 말 덩어리에 대한 개념이 없이 그걸 스스로 터득해야 했으니 말입니다. 문장이 짧은 경우에는 큰 문제가 되지 않겠지만 긴 문장의 경우 많은 학습자들에게 영어 공부는 그야말로 멀리하고만 싶은 골칫덩어리였을 겁니다.

　자, 다시 정리해 봅시다. 문장이 길어지는 이유는 복잡한 정보를 담기 위해 주어와 서술어뿐인 단순 문장 안에 구$_{phrase}$와 절$_{clause}$이 추가되어서 그렇다고 했습니다. 구와 절은 단어 덩어리들이며 긴 문장은 바로 덩어리별로 구성되어 있습니다. 이때 우리가 어릴 때부터 자연스럽게 배운 언어에서는 특별한 노력 없이도 소리 언어를 통해 자생적으로 덩어리 구분 능력을 가진다고 했습니다. 하지만 우리는 문자 언어로서 영어를 처음 접하게 되어 영어에 대한 덩어리 개념을 이해하는 데 너무 큰 어려움을 겪고 있습니다.

문장이 짧을 땐 크게 문제가 되지 않지만 긴 문장은 제대로 덩어리를 구분할 수 없으면 읽기·듣기·말하기·쓰기 등 모든 영역에서 곤란을 겪게 됩니다. 특히 말하기 speaking 에서는 덩어리 구분을 끊어 읽기 pausing 로 하는데 이 덩어리 개념을 모르고 그냥 아무데서나 자기 마음대로 숨이 차는 곳에서 쉬어버리면 엉뚱한 의미를 전하게 되고, 듣는 사람에게 큰 혼동을 줄 수도 있습니다. '아버지 가방에 들어간다'처럼 말입니다.

또한 듣기 listening comprehension 에서는 원어민이 덩어리별로 읽어주기 때문에 그나마 상황이 괜찮지만 지문 독해 reading comprehension 를 할 때는 덩어리로 끊어서 이해하는 능력을 스스로 쌓아가야 합니다. 그래서 한국의 학습자들이 아직도 문법 grammar 과 문장 분석 sentence analysis 에 지나치게 편중된 학습을 하게 되는 이유가 아마도 이 덩어리 개념을 못 가져서 그럴 겁니다.

그런데 여러 번 소리 내어 읽기를 하다 보니 문법과 번역에 의존하지 않고도 주어부와 서술어부, 수식어 덩어리를 구분할 능력이 싹트더라는 연구 결과는 상당히 의미가 있습니다. 왜냐하면 이 말은 바로 영어 낭독 훈련이 덩어리 개념을 습득하는 데 훌륭한 대안이 될 수 있다는 말로 해석될 수 있기 때문입니다. 이렇게 낭독 훈련을 통해 습득된 덩어리 구분 능력은 독해로 전이되어 읽기 능력을 크게 향상시킬 수 있습니다.

긴 문장 낭독 요령, 덩어리 읽기 익히기

긴 문장을 읽는 방법에 대해 이야기를 하면서 이제 결론으로 달려가고 있는데요, 긴 문장을 매끄럽게 낭독하기 위해서는 처음에는 오디오에서 나오는 원어민의 긴 문장 말하기를 그대로 따라 해 보는 것이 제일 좋은 방법입니다. 끊어 읽는 곳에 사선(/)으로 표시를 해 보고 왜 거기서 끊어 읽었는지 거꾸로 생각을 해보는 것이지요. 그렇게 하면 어떤 덩어리별로 잠시 쉬어 읽는 것을 자연스럽게 발견할 수 있게 됩니다. 하지만 대부분의 영어 학습자들이 그렇게 시간적 여유도 없고, 인내심이 충분하지 않다는 게 문제입니다. 그래서 긴 문장 패턴을 분석해서 덩어리 읽기 하는 요령을 간단하게 살펴볼까 합니다. 물론 100% 정답은 아닙니다. 정답도 없고요.

대부분은 문법 용어를 쓰면 골치가 아프다고 할 정도로 익숙하지 못하니까 여기서는 문법 용어들은 최대한 사용하지 않고 설명해 보도록 하지요. 문법 용어에 익숙하다는 말은 명사, 동사, 형용사, 부사 등의 '품사 개념'과 주어, 서술어, 목적어, 보어, 수식어 등의 '문장성분(문장을 구성하는 부분) 개념'을 나름대로 잘 이해하고 있는 걸 말합니다. 혹 문법 용어에 익숙하다면 간단하게 정리된 〈쉬어가기〉로 바로 가도 좋습니다.

우리는 문장으로 말을 합니다. 이 문장 속에 우리가 전달하려고 하는 정보 또는 개념을 담게 됩니다. 한 문장 속에는 그런 개념들이 작은 형태로 여러 개 들어가 있을 수 있고, 이런 작은 여러 개념들이 모여 한 문장 안에서 보다 성숙한 개념을 표현합니다. 이 정보나 개념은 위에서 설명했던 구phrase나 절clause의 덩어리와 거의 일치합니다. 그래서 이런 정보나 개념 덩어리를 보통 의미 단위meaning unit, 개념 그룹thought group 또는 idea group이라고 하고, 나아가 대부분 이런 덩어리별로 끊어 읽기가 되기 때문에 호흡 그룹breath group이라고도 합니다.

여기서 긴 문장 낭독과 관련하여 중요한 두 가지 원칙이 등장합니다. '이렇게 하는 것이 좋은 낭독이 된다. 그래서 결국 스피킹에 더 도움이 된다' 이런 논리에서 기준이 되는 두 가지를 말하는 것입니다.

첫째는 하나의 의미 단위는 한 번의 숨으로 읽는다는 것이고, 둘째는 하나의 의미 단위 안에는 강세를 받는 단어가 있다는 것입니다.

이 두 가지 기준으로 인해 작은 개념 그룹별로 끊어 읽기pausing가 일어나고, 그룹 내의 자체 강세가 그룹별로 반복되어 나타나면서 올라갔다 내려갔다 하는 영어 특유의 리듬과 억양이 나타납니다. 이렇게 영어를 발음해야 듣는 사람도 훨씬 쉽게 그 의미를 이해할 수 있습니다.

만약 우리가 스피킹을 할 때 원어민들이 잘 못 알아듣겠다고 불평을 한다면 이런 영어 특유의 쉼pause과 리듬 그리고 억양에 자신이 익숙하지 못하기 때문인 경우가 많습니다. 각 단어의 발음 문제는 원어민이라면 문맥을 통해 알아차릴 가능성이 높지만 엉뚱한 끊어 읽기, 리듬, 억양은 의미 자체가 바뀔 수 있기 때문에 영어 낭독 훈련 등으로 올바른 말하기가 될 수 있도록 충분한 연습이 꼭 필요합니다.

이제 문제는 어디까지가 하나의 의미 덩어리이고, 그 의미 덩어리 중 어느 단어에 강세를 줘서 읽느냐 하는 것입니다. 이 두 가지가 긴 문장 낭독 요령의 핵심입니다.

먼저 의미 덩어리를 구분하는 방법을 살펴보면, 긴 문장 속에 있는 문장부호들을 우선적으로 주목할 필요가 있습니다. 쉼표comma, 마침표period 등이 대표적인데, 글에서는 이들을 이용하여 구두법punctuation 으로 의미 덩어리를 표시합니다. 문장 안에서 이런 문장부호를 만나면 그곳에서 잠시 끊어서 읽는 것이 좋습니다. 글을 쓴 사람은 독자들에게 자기 의도를 보다 명백하고 쉽게 전달하기 위해 문장부호를 동원하는데 특히 덩어리를 구분하기 위해 활용하게 됩니다. Charlotte's Web(샬롯의 거미줄)의 문장들을 다시 살펴보겠습니다.

> For several days and several nights, ants crawled, here and there, up and down, around and about, waving at Wilbur, trailing tiny draglines behind them, and exploring their home.

한 문장 안에 쉼표가 7개나 쓰였습니다. 이 문장을 분석하기 위해 주어와 서술어 바퀴를 제일 왼쪽에 두고 바구니들은 오른쪽으로 보내서 바구니별로 줄을 바꿔서 다시 펼쳐보면 다음과 같이 쓸 수 있을 것입니다.

이 방법은 위 글과 같이 나열된 문장을 덩어리별로 잘라 문장 안에 보이지 않는 논리를 2차원 평면에 나타내보는 것입니다. 주절의 주어 부분을 제일 왼쪽으로 보내고, 주절에 포함된 구나 절, 그리고 종속절을 오른쪽에 계단식으로 펼쳐서 문장이 보다 쉽게 이해됩니다.

    For several days and several nights, /

ants crawled, /

    here and there, /

    up and down, /

    around and about, /

        waving at Wilbur, /

        trailing tiny draglines behind them, /

    and

        exploring their home.

아래 또 다른 한 문장도 똑같은 논리로 다시 펼쳐볼까요?

While the children swam and played and splashed water at each other, Wilbur the pig amused himself in the mud, along the edge of the brook, where it was warm and moist and delightfully sticky and oozy.

↓

While the children swam and played and splashed water at each other, /

Wilbur the pig (주어) / **amused himself in the mud**, (서술어) /

along the edge of the brook, /

where it was warm and moist and delightfully sticky and oozy.

이렇게 펼쳐 놓으니 문장의 논리와 함께 의미 덩어리를 쉼표가 잘 구분하고 있는 게 보이지요? 이렇게 이미 써진 글을 낭독하는 상황에서 긴 문장을 만나면 구두점 특히 쉼표를 잘 보세요. 그러면 의미 덩어리를 알 수 있고, 거기서 잠시 쉬어 읽으면 됩니다.

그러면 강세 처리는 어떻게 할까요? 대체적으로 각각의 의미 덩어리에서 끊어 읽을 때 덩어리 마지막 부분에 강세를 주면서 억양이 올라갔다 내려오고, 문장의 끝 부분에서 억양이 제일 내려갑니다(평서문인 경우). 강세를 받는 부분의 품사는 주로 명사, 동사, 형용사, 부사 그리고 의문사들입니다.[1] 그리고 관계대명사를 포함한 접속사, 전치사, 대명사, 조동사에는 보통 강세가 오지 않습니다.[2] 중요한 단어가 강세를 받아 다른 단어들보다 길게 읽혀지는 만큼 중요하지 않은 다른 단어들은 보다 더 약하고 빠르게 읽혀지면서 영어의 리듬이 생기게 되는 것입니다.

---

1) 이런 단어들을 내용어 content words라고 합니다.   2) 이런 단어들을 기능어 function words라고 합니다.

말과 글은 호흡이 달라 구두점으로 끊어 읽을 곳을 모두 표시해 줄 수는 없습니다. 즉, 구두점이 하나도 없는 긴 문장도 있을 수 있다는 말입니다. 하지만 그런 문장도 구와 절의 덩어리들로 구성되기 때문에 덩어리 전후에서 잠시 쉬었다 읽고, 그에 맞춰 강세와 리듬을 조절하면 됩니다. 아래 긴 문장들을 구와 절의 덩어리로 묶어서 끊어 읽어 보세요.

What she didn't know about herself was that she has her own beauty and so many talents, which everybody saw but she herself couldn't realize.
(그녀가 자기 자신에 대해 몰랐던 것은 그녀가 그녀만의 아름다움과 많은 재능을 지니고 있다는 점이었다. 그걸 다른 사람들은 다 볼 수 있었지만 그녀만 깨닫지 못하고 있었다.)

↓

What she didn't know about herself was that /
    she has her own beauty and so many talents, /
        which everybody saw but she herself couldn't realize.

주어절(주인말) 덩어리	what she didn't know about herself
보어절(풀이말) 덩어리	she has her own beauty and so many talents
수식어절(붙임말) 덩어리	everybody saw but she herself couldn't realize

My mother always tells me right away if we've gotten a new limousine or if the cook is making a special dessert for dinner.
(우리 엄마는 우리가 새 리무진차를 샀거나 요리사가 저녁식사 후 특별 후식을 만들고 있다면 항상 곧바로 얘기를 해 주셔.)

↓

My mother always tells me right away /

  if we've gotten a new limousine /

or

  if the cook is making a special dessert for dinner.

주절 덩어리	my mother always tells me right away
수식어절(붙임말) 덩어리 1	if we've gotten a new limousine
수식어절(붙임말) 덩어리 2	if the cook is making a special dessert for dinner

사실 초급 단계 영어 학습자의 경우 위와 같이 긴 문장을 구와 절 덩어리로 구분하기가 쉽지는 않습니다. 어느 정도 문법적 지식과 독해 경험을 필요로 하지요. 하지만 초보자라도 이와 같이 긴 영어 문장의 구성이 구와 절의 개념 그룹으로 나눠지고, 개념 그룹들이 더 추가되어 보다 복잡한 의미를 전달할 수 있음을 이해할 수는 있을 겁니다. 이에 대한 이해는 영어에서 효과적인 커뮤니케이션을 하려면 아주 중요합니다.

긴 문장을 매끄럽게 낭독하는 요령에 대한 이야기를 마무리하면서 이쯤에서 다시 한 번 분명하게 이야기할 수 있는 것은 의미 덩어리의 구분과 끊어 읽기는 그 문장을 말하고 있는 사람의 상황과 의도, 강조점에 따라 상대적인 의미를 가진다는 점입니다. 무슨 절대적인 원칙이 있는 것은 아니라는 말이지요. 어떤 때는 끊어 읽는 덩어리가 어떤 때는 다른 덩어리와 붙어서 단숨에 읽히기도 합니다. 우리가 끊어 읽기를 하는 것은 의사소통을 함에 있어서 '덩어리를 지어 정보를 전달'하는 게 상대방이 좀 더 알아듣기 쉽고 효과적이더라는 경험 때문이지요.

무엇보다 중요한 것은 보다 다양한 영어 문장들을 가지고 스스로 입을 열어 낭독을 해 보는 것입니다.

쉬|어|가|기

문법을 알면 더 쉬운 덩어리 끊어 읽기

긴 문장을 적절하게 끊어 읽어야 하는 이유가 뭘까요? 바로 상대방에게 내 의사를 좀 더 효과적으로 전달하기 위함입니다. 의미 단위로 끊어 읽는 데 도움이 될 만한 7가지 단서를 제공해 드릴까 합니다. 하지만 법칙이 아니라 제안으로만 받아들이세요. 물론 끊어 읽는 기본적인 방법을 이해하는 데는 도움이 되겠지만 낭독 훈련을 통해 스스로 익히지 못하면 쓸모없는 지식이 될 수도 있으니까요. 끊어 읽기는 말하는 이의 상황과 의도에 따라 달라질 수 있기 때문입니다. 끊어 읽기에 정답은 없다는 것만 기억하세요.

〈의미 단위로 끊어 읽는 데 도움이 될 만한 단서 7가지〉

- 문장 앞부분에 덩어리가 올 경우

1) 부사어에서 끊어 읽음.
Unfortunately, / there was not much we could do to make things better for the dying animal.

2) 부사구(준동사구 포함) 덩어리 뒤에서 끊어 읽음.
전치사구 From the beginning, with this cold weather, / there was not much we could do to make things better for the dying animal.
부정사구 To make things better, / we tried everything we could do for the dying animal.
분사구 Realizing that the animal was going to die soon, / we were sorry that there was not much we could do to make things better.

3) 부사절 덩어리 뒤에서 끊어 읽음.
부사절 Although we knew that the animal was going to die soon, / we tried everything we could do to make things better.

4) 긴 주어 덩어리 뒤에서 끊어 읽음.
명사절 The fact that the animal was going to die soon / made us sad but we didn't lose our hope and tried everything we could do.

• 문장 끝부분에 덩어리가 올 경우

5) 위 4가지 덩어리가 문장 뒤로 올 때 덩어리 앞에서 끊어 읽음.
- They tried everything they could do, / swiftly but cautiously.
- They tried everything they could do / until the end of the game.
- They tried everything they could do / to make things better and faster.
- They tried everything they could do, / realizing that they still had a chance to win.
- They tried everything they could do, / because they realized that they still had a chance to win.

• 문장 중간, 주어와 서술어 사이에 덩어리가 올 경우

6) 형용사구(전치사구, 분사구) / 형용사절(관계사절) 전후에서 끊어 읽음.
- The team / from a small country named Korea / will win the World Baseball Classic next time.
- The team, / realizing that they still had a chance to win, / tried everything they could to make things better.
- The team / which earned a gold medal in Beijing / tried everything they could to make things better.

• 문장 사이 여러 군데 덩어리가 올 경우

7) 각 덩어리별로 말하는 이의 의도에 따라 끊어 읽음.
- Realizing that they still had a chance to win, / the team / from a small country named Korea / tried everything they could do / because they knew that they could win in the end.

※ 나열의 경우, 나열되는 단어에서 끊어 읽음.
Tonight, we met three gentlemen, / Mr. Joseph Green, / Senator Allen Jones, / and lastly Judge Paul Jackson.

Chapter 4

영어 낭독 평가 방법은
왜 알아 두어야 하는가?

"측정할 수 없으면 관리할 수 없고,
관리할 수 없으면 개선할 수 없다."
- 경영학의 대부, 피터 드러커

평가받는 입장에서 보면 '평가를 어떻게 하는지 알 필요가 있을까?' 하는 생각에 조금 지루할 수 있는 이야기를 하려고 합니다. 낭독 연습을 도와주는 사람들이 꼭 알아야 할 평가 방법을 다룰 거니까요. 그런데 낭독 평가 항목 자체가 낭독을 할 때에도 매우 중요한 요소이기 때문에 평가받는 사람도 주목할 필요가 있습니다. 연습할 때 무엇을 주의해야 하는지 알고 하는 것과 아무 생각 없이 하는 것은 결과에서 큰 차이가 날 테니까요.

지금부터 영어 낭독 평가 방법은 왜 알아 두어야 하는지를 이해하기 위해서 어떤 평가 항목들이 있는지 먼저 살펴봅시다.

Pronunciation 평가
Word Stress, 발음 강세 관련

Minneapolis. 미네소타 주에 있는 도시 이름인데요, 이 단어는 발음을 어떻게 할까요? 예전에는 한글로 '미애나폴리스'라고 했는데, 최근 외래어 표기법에 맞춰 적으면 '미니애폴리스'라고 해야 합니다. 크게 소리 내어 읽어 보세요. 어떻게 읽어야 할까요?

Mínneapolis 미니애폴리스?
Minneapolís 미니애폴리스?

보통 한국 사람들은 둘 중 하나로 읽는 이들이 많습니다. 그런데 둘 다 틀립니다. 정확하게 발음하면 'Minneápolis, 미니애폴리스'라고 '애'에 강세가 들어갑니다. 원어민이 빨리 발음할 때 들어 보면 꼭 '므네폴리스'처럼 들리지요. 발음과 강세의 예로 미니애폴리스 이야기를 한 것은 미국에서 공부할 때 이 단어와 관련된 에피소드가 있어서입니다.

하루는 밤늦게 도서관에서 공부를 하다 돌아와 보니 룸메이트들이 주말 파티를 열고 있었습니다. 무슨 일 있냐며 인사를 하기에 다음과 같이 대답을 했지요.

"Not much. A friend of mine out of town had a problem, so I visited him during the week. At Minneapolis I had some rough time but just got back last night. Now I am really behind with all my projects. (별일 없어. 친구에게 문제가 좀 있어서 주중에 그에게 갔었어.

미니애폴리스에서 좀 힘든 일이 있었지만, 어젯밤에 돌아왔어. 지금 숙제가 엄청 밀려 있고 말이야.)"

주말에도 도서관에 다녀온 것이 조금 민망하기도 해서 그렇게 대답한 순간 시끄럽던 방안이 갑자기 조용해졌습니다. 룸메이트가 놀란 표정으로 무슨 일이냐고 묻더군요. 뭔가 잘못된 것 같다고 느꼈지만 대답했지요.

"공항에서 한 사내가 툭 부딪히고는 엄청 무례하게 굴잖아. 백인이었는데, 꼭 인종 차별하는 것 같이 느껴져서 너무 화가 났어."

"그래서 경찰서에 갔던 거야?"

갑자기 무슨 경찰서 이야기냐고 황당하다는 듯 되묻자 "네가 금방 경찰서에서 돌아왔다고 했잖아?"라고 하기에 다시 친구가 살고 있는 도시, 미니애폴리스에 다녀왔다고 말하자 그때서야 웃으며 '미니애폴리스'하면서 발음을 교정해 주더군요. 미니애폴리스를 잘못 발음해 '폴리스'로 들렸던 거지요.

이 에피소드처럼 영어 단어는 강세를 어디에 두고 발음하느냐에 따라서 큰 오해가 생길 수 있습니다. 한국말은 사투리에 따라서 강세와 억양이 약간씩 달라져도 이해하는 데는 큰 지장이 없지만 영어는 강세를 잘못 발음하는 것은 그 단어를 모르는 것이나 마찬가지가 됩니다. 이렇게 영어 단어를 외울 때 강세를 발음과 같이 외우지 않으면 낭패를 당하는 경우가 종종 있어요. 낭독 훈련은 눈으로만 읽으면서 생길 수 있는 '단어 발음 장님 현상'을 막아 주기도 합니다.

Pause 평가
Thought Group, 사고 단위 관련

Tom said Bill broke the window.

이 문장을 자세히 보세요. 말을 한 사람은 누구이고, 창문을 깬 사람은 누구일까요?

대개 Bill이란 녀석이 창문을 깼고, Tom이 말했다고 할 거예요. 하지만 문장부호를 어떻게 붙여 주냐에 따라서 그 의미가 완전히 달라질 수 있습니다.

1) Tom said, "Bill broke the window."
2) "Tom," said Bill, "broke the window."

2)는 문장부호 때문에 이번에는 Tom이 창문을 깼고, 그걸 Bill이 말하는 게 되지요. 문장부호 때문에 그 의미가 바뀌었습니다. 마치 피해자가 가해자가 되고, 가해자가 피해자로 뒤바뀌어 버린 것처럼 말입니다. 이렇게 글에서는 의미를 명확하게 전달하기 위해 문장부호라는 도구tool를 사용할 수 있습니다. 그렇다면 말하기에서는 도대체 어떻게 의미를 명확하게 할 수 있을까요?

위의 두 문장을 구분하기 위해 말하기에서 동원하는 도구는 이전에 이야기했던 것처럼 사고 단위 thought group 또는 의미 단위 meaning unit라는 개념과 함께 끊어 읽기pause를 활용하는 것입니다. 끊어 읽기pause(포즈)라는 것은 간단하게 말해서 짧은 멈춤short stop이라는 뜻으로 문장을 읽다가 아주 짧게 잠깐 쉬는 거라고 얘기했어요. 문장 안에 사선(/)으로 끊어 읽기를 표시한다고도 했고요. 그럼 위 두 문장을 끊어 읽기 표시를 넣어 읽어 볼까요?

1) Tom said, / "Bill broke the window."
2) "Tom," / said Bill, / "broke the window."

1)의 경우 Tom said까지 말하고 난 후 잠깐 쉬고, 그 다음 부분을 말합니다. 2)는 일단 Tom까지 말한 후 잠깐 쉬고 said Bill을 연달아 말한 후 또 잠깐 쉽니다. 그 후 나머지 부분 broke the window를 연달아 말하면 Tom이 창문을 깬 것을 Bill이 말하는 의미가 됩니다.

강세와 마찬가지로 눈으로만 봐서는 말하기 실전에서 낭패를 보기 쉽습니다. 실제 입을 움직여 연습을 해 보지 않으면 익숙해지기가 어렵습니다. 이에 낭독 훈련, 특히 섀도우 스피킹 연습을 하다 보면 원어민이 읽는 방식대로 의미 덩어리 단위로 끊어 읽는 습관이 자연스럽게 익혀질 거예요.

Rhythm 평가

Content/Function Words, 내용어/기능어 관련

1) People enjoy books.
2) The people should have enjoyed the books.

1)과 2)를 말하는 데 걸리는 시간은 얼마나 차이가 있을까요? 2)의 단어 수가 1)의 2배가 넘기 때문에 읽는 시간도 2배 이상 걸릴까요? 하나, 둘, 셋 하고 조금 천천히 박자를 세듯 박수를 치면서 위 두 문장을 직접 읽어 볼까요? 만약 이 두 문장을 읽는 데 읽는 시간이 차이가 났다면 낭독 훈련이 꼭 필요합니다. 실제로 1)과 2)를 소리 내어 읽었을 때 읽는 시간의 길이는 거의 같아야만 하니까요. 박수를 천천히 세 번 칠 때 1)은 다 읽힙니다. 누구나 쉽게 따라 읽을 수 있지요. 2)는 단어 수가 좀 많아서 안 읽힌다고요? 2) 역시 1)과 마찬가지로 박수 세 번 속에서 다 읽혀야 맞습니다. 모두 세 박자 안에서 다 말할 수 있어야 영어다운 표현이라고 할 수 있습니다.

1박자	2박자	3박자
People	enjoy	books.
The people	are enjoying	the books.
The people	have enjoyed	some books.
The people	should have enjoyed	some more books.

문장의 길이가 다른데 거의 같은 시간 내에 말할 수 있으려면 어떻게 읽어야 할까요? 어떤 부분은 짧고 약하게, 어떤 부분은 좀 더 길게 발음되어야만 하겠지요? 바로 여기에서 문장을 읽을 때 영어 특유의 강약 개념이 생깁니다. 다시 표시해 보면 이렇습니다. 굵고 파랗게 표시된 부분은 강하게, 그 이외의 부분은 약하고 짧게 읽습니다.

1박자	2박자	3박자
PEOple	enJOy	BOoks.
The PEOple	are enJOying	the BOoks.
The PEOple	have enJOyed	some BOoks.
The PEOple	should have enJOyed	some more BOoks.

영어에 익숙하지 않은 사람이 원어민들의 대화를 들으면 띄엄띄엄 들리는 듯한 느낌을 받곤 하는데 그 이유가 바로 이 영어 말하기의 강약 때문입니다. 문장 내에서 강하게 발음되는 단어와 약하게 발음되는 단어의 구별, 즉 강약이 음의 높낮이를 표현하는 억양intonation과 합쳐져 영어 특유의 리듬rhythm이 생기니까요. 어떤 단어가 강하게 발음되고, 어떤 단어들이 약하게 발음되는가는 다시 이야기하도록 하지요.

말하기 속도가 마치 징검다리를 통통 뛰어 건너듯이 강세어에 의해 좌우되기 때문에 이런 언어를 stress-timed language(강세에 의해 시간이 정해지는 언어)라고 합니다. 이에 반해 한국어는 한 문장 내에 단어 수(더 정확히는 음절 수)가 많으면 많을수록 말하는 시간이 길어집니다. 예를 들어, '읽어 보세요'보다는 '소리 내어 천천히 읽어 보세요'라는 문장을 말할 때 시간이 더 걸리게 됩니다. 한국어는 음절 하나하나를 말하는 길이가 같기 때문이지요. 이렇게 한 문장을 말하는 데 걸리는 시간이 음절의 숫자에 비례하는 언어를 syllable-timed language(음절에 의해 시간이 정해지는 언어)라고 합니다. 한국어를 포함해 일본어, 이탈리아어, 스페인어 등이 그런 언어들입니다.

영어 낭독 평가 항목의 필요성

앞에서 영어 낭독 훈련의 중요성과 효용성 그리고 다양한 낭독 훈련 방법과 절차에 대해 알아봤고 뒤이어 본격적으로 낭독을 어떻게 하는지에 대한 이야기를 했습니다. 특히 긴 문장을 어떻게 하면 잘 읽을 수 있는지를 살펴보았습니다. 이번에는 낭독 연습을 할 때 무엇을 중요하게 봐야 하고, 어떤 것에 주의해서 낭독해야 할지 좀 더 자세히 알아보려고 합니다. 막연히 이게 중요하다, 저게 중요하다는 추상적인 얘기를 늘어놓는 것보다 구체적인 영어 낭독 평가 항목을 살펴보는 것이 가장 좋은 방법입니다. 어떤 훈련을 한다면 반드시 그 훈련에 대한 '평가'를 할 수 있어야 하고, 평가를 할 수 있어야 '개선'이 가능하기 때문입니다.

영어 낭독 평가 항목에 대해 이야기를 하려면 우선 낭독에 대해 무엇을 평가할지 그 항목을 결정해야 할 것입니다. 사실 영어 낭독 훈련/연습oral reading drill이라는 개념은 생소할 거예요. 섀도우 스피킹shadow speaking(소리 내어 따라 말하기)이라는 말은 들어 본 적 있겠지요? 영어 교육계에서 이름을 좀 날리는 사람들은 모두가 이 '큰소리로 따라 말하기'를 강조하니까요. 하지만 구체적인 연습 방법에 대해서는 따로 말이 없고 그냥 스스로 알아서 해결하라는 식이었습니다.

또 지금까지의 발음 교육들은 단어 하나하나에 더 많은 주목을 해왔습니다. 시중에 출판된 수많은 발음 관련 서적들은 영어 자음과 모음의 발성이나 단어의 발음 규칙을 설명하는 데 내용의 대부분을 할애하고 있고요. 인터넷 동영상 강의들도 이 단어를 어떻게 발음하는지 혀 모양을 보여주며 따라 해 보라고 합니다. 그렇게 단어 하나하나를 해체해서 연습해 보면 곧잘 그 발음의 흉내를 낼 수 있긴 합니다. 몇 번 연습해서 발음해 보면 원어민 강사가 'Good, good!'을 연발하면서 잘한다고 칭찬을 해 줘서 이제 됐나보다 착각을 하게 됩니다.

그런데 영어를 말하는 실제 상황은 그렇게 단순하지가 않습니다. 실제로 대화를 할 때 한 단어씩 떼어서 말을 하나요? 다음에 무슨 말을 해야 할지 생각하는 것만도 식은땀이 나고 지금까지 무슨 말을 어떻게 했는지도 모를 정도로 머릿속이 캄캄해지는 그 순간에 단어 하나하나의 발음에 신경 쓸 만한 여유가 있을까요?

지금부터라도 실제 대화를 할 때의 발음을 생각해야 합니다. 단어 하나하나를 떼어 연습하는 것은 '사전식 발음'이고 '실용 발음'과는 차이가 있습니다. 실제 대화를 하다보면 리듬, 강세와 함께 단어 간의 연음 linking 으로 소리 값이 변화하거나 심지어 생략되는 현상까지 나타납니다.

따라서 실전 연습은 단어 하나하나를 떼어 연습하는 사전식 발음 훈련에 치우치기 보다는 문장 단위 이상의 글을 낭독하고, 또 평가자가 있어서 잘못된 곳을 코치 해 줄 수 있어야만 합니다. 피드백이 없는데 개선과 발전이 있을 수는 없으니까요.

결국 영어 낭독에 있어서 평가 항목은 개개의 단어 발음을 잘하니 못하니 하는 얕은 수준에서 탈피해야 한다는 말입니다. 문장 단위 이상의 글을 낭독해 볼 때 비로소 자신의 취약점이 드러나기 때문에 발음phonetics 수준 이상의 상황을 평가해 줄 항목들이 꼭 필요합니다. 빠른 속도의 대화나 강의 등에서 축약, 연음, 탈락, 동화 등의 발음 변화를 체크해 줄 뿐만 아니라 강약 개념 때문에 발생하는 리듬과 억양, 그리고 의미 덩어리를 지어 상대방에게 전달하는 능력이 있는가 하는 수준까지 평가 되어야만 합니다.

한글로 된 책을 낭독한다면 그 내용이 바로 이해되고, 주저하지 않고 정확하고 여유있게 읽어 나가겠지요. 더불어 그런 이해와 여유를 바탕으로 감정까지 실어 의사소통의 효과를 극대화할 수도 있을 거고요. 다른 사람에게 호소하고 설득하는 정도에 영향을 미쳐 자신의 목적을 성취하는 결과까지 이뤄낼 수 있다는 뜻입니다. 이 정도의 수준을 목표로 하면 선별된 낭독 평가 항목이 필요합니다. 그런 평가 항목들로 측정된 자료라야 의미있는 정보가 나오고, 그런 정보가 바탕이 돼야 뭘 더 배우고 연습해야 하는지 실질적으로 개선해 말하기의 발전을 가져올 수 있을 테니까요.

영어 낭독 평가 항목 설정

영어 낭독과 관련된 영어 교육을 하는 기관을 찾아보기 힘들어서 낭독 평가 항목을 설정하는 데 어려움이 많았습니다. 아마도 실제적인 낭독 연습 절차나 필요한 도구와 방법, 환경, 피드백 등의 낭독 연습 솔루션 또는 시스템을 제공하는 교육서비스는 국내에서 찾아보기 힘들 거예요.

국내 실정에 맞는 낭독 평가 항목을 설정하기 위해 먼저 외국의 영어 낭독 평가척도가 있는지 조사했습니다. 가장 대표적인 것이 라진스키 박사 Ph.D Timothy Rasinski 의 Multidimensional Fluency Scale(다차원 유창성 평가 척도)로 다음과 같습니다.

dimension(항목)	scale(척도)
Accuracy(정확성)	단어에 대한 정확한 발음과 이해, 자가 교정 수준의 정도 (1~4점)
Expression and Volume (표현과 성량)	내용에 따라 감정 표현이나 성량을 조절하는 정도 (1~4점)
Phrasing(덩어리 짓기)	의미 단위로 덩어리 지어 읽을 수 있는 정도 (1~4점)
Pace(읽는 속도와 억양)	주저함이나 멈칫거림, 반복 등이 없이 자연스럽게 읽을 수 있는 정도 (1~4점)
Smoothness(자연스러움)	일상 대화 수준의 속도와 억양에 가깝게 읽을 수 있는 정도 (1~4점)

이외에 낭독과 관련하여 널리 알려진 것은 토익 TOEIC 시험의 'Read a text aloud' 부분입니다. 2006년부터 새로 도입된 Speaking Section의 첫 두 문제로 주어진 텍스트를 읽고 녹음하는 문제가 있는데, 그 평가

항목과 수준은 다음과 같습니다.

areas(평가 항목)	levels(수준)
Pronunciation(발음)	발음의 명료한 정도
Intonation(억양) & Stress(강세)	의미를 전달하는 데 필요한 강조와 적절한 쉼(pause), 음조(pitch)의 높낮이(rising & falling) 조정 정도

외국의 사례를 조사해 본 결과 대표적인 이 두 가지 평가척도Scale 이외에도 여러 가지 모형이 있었지만 한국과 같은 환경에서 영어 말하기 문제를 풀기 위해 스피킹 기본기를 먼저 탄탄히 쌓을 수 있는 낭독 훈련용 평가모델로는 부족한 점이 많았습니다. 또한 토플TOEFL과 같은 시험 상황과 인터뷰, 프레젠테이션과 같은 실제 상황들에까지 낭독 훈련을 활용하는 것을 고려해 볼 때 보다 정교한 낭독 평가모델이 필요했지요. 결국 한국과 캐나다의 ESL/EFL 교육전문가들의 도움으로 한국 실정에 맞는 기본기 평가척도를 만들었습니다. 마련된 평가 세부 항목과 점수 수준은 다음과 같습니다.

우선 크게 세 가지 항목으로 분류할 수 있습니다.
1) Phonetics(발성) 2) Rhythm(리듬) 3) Pause(끊어 읽기)

평가 항목을 만들 때 정교하면서도 복잡하지 않게 설계하려고 노력했습니다. 한국 영어 학습자들의 특성을 충분히 고려하여 심플하면서도 꼭 필요한 요소들은 집어넣으려고 노력했고, 가장 취약한 부분이라고 판단되는

위 세 가지 큰 항목을 기준으로 다시 10가지 세부 항목을 마련했습니다.

대항목	세부 항목
Phonetics(발성)	1. Word Stress(단어 발음 강세, 액센트)
	2. Liaison(연음, 축약, 탈락, 동화 등의 발음현상 처리)
	3. Consonant/Vowel Sounds(자음, 모음, 파열음 처리)
	4. Grammatical Endings(문법적 활용 어미 처리)
Rhythm(리듬)	5. Content/Function Words(내용어/기능어 처리)
	6. Intonation(억양)
	7. Naturalness(자연스러움)
	8. Practice Amount(낭독 연습량)
Pause(끊어 읽기)	9. Thought/Idea Groups(의미 덩어리, 사고 단위)
	10. Sentence/Passage Understanding(글 이해도)

※ 점수는 6단계로 주어짐: A+, A, B+, B, C+, C

Phonetics(발성): 낭독을 할 때 얼마나 명쾌하게 발음하는가?

1. Word Stress

개념 정의 각 단어에 대한 강세(액센트)를 정확히 표현하면서 발음할 수 있는가?

수준

상) 텍스트 내의 거의 모든 단어를 제대로 정확히 발음할 수 있으며 간혹 잘못 발음하는 경우가 있어도 바로 교정을 한다.

* 음절(syllable)
자음과 모음으로 구성된 발음의 최소 단위. 영어는 모음을 기준으로 음절을 나눈다는 정도로만 이해하고 더 중요한 것은 한국어와 영어 발음의 음절이 다름을 아는 것이다. strike라는 단어를 한글로 표기하면 '스트라이크'가 되고, 한국로는 5음절이 되지만 영어는 1음절로 발음된다. 즉 strike란 단어를 한국어 표기처럼 읽어서는 영어가 아니라는 사실을 이해하고 영어 단어의 발음을 처음 배울 때 잘 따라하는 것이 좋다.

* 강세(stress)
흔히 '강세가 놓인다, 강세를 준다' 라고 할 때 2음절 이상의 단어에서 한 부분을 다른 부분보다 강하게 발성하는 것을 말한다.

중) 텍스트 내의 대부분의 단어를 제대로 발음할 수 있으며 잘못된 발음을 스스로 교정하기도 한다. 간혹 한두 단어 정도 발음 오류를 범하거나 도움을 필요로 하는 경우가 있다.

하) 많은 단어를 잘 알아보지 못하며 액센트가 올바르지 못한 경우가 많다. 모르는 단어에 대해서는 그냥 얼버무리고 넘어가며 발음하는 데 도움을 필요로 하는 단어가 많다.

2. Liaison

개념 정의 연음을 중심으로 축약, 탈락(생략), 동화 등의 영어 특유의 발음 현상을 제대로 처리하며 낭독할 수 있는가?

수준

상) 영어 발음 현상에 많이 노출된 경험으로 터득한 영어 특유의 발음을 올바로 구사하며 낭독한다.

중) 발음 현상에 대한 이해와 연습이 충분히 숙달되지 않아 간혹 오류나 부자연스러운 형태를 보이지만 대체적으로 의미 전달에 지장 없이 낭독한다.

하) 소리 영어에 대한 경험, 노출 부족으로 영어 발음 현상에 대한 이해가 부족하고 발음 현상에 따른 발음을 구사하여 낭독하지 못한다.

＊연음(liaison/linking)
앞 단어 끝의 자음과 뒤에 오는 단어의 약모음이 연결될 때 마치 한 단어처럼 발음되는 경우. 예) bus stop, come along

＊생략(deletion)
음이 약하게 또는 아예 생략되어 발음됨. 예) appointment, Santa Clause

＊동화(assimilation)
두 개의 음이 비슷한 소리가 되는 현상. 예) 'would you'가 '우드 유'가 아닌 '우쥬'로 발음되는 경우.

3. Consonant/Vowel Sounds

개념 정의 한국인들이 실수를 가장 많이 하는 'f/p,' 'v/b,' 'l/r'과 같은 주요 발음과 'p,' 't,' 'k,' 'dʒ,' 'ʃ,' 'tʃ'와 같은 파열음을 정확히 발음하며 낭독하는가?

수준

상) 실수하는 발음 없이 정확한 음가(音價)대로 단어들을 발음하며 낭독한다.

중) 한국인들이 실수를 많이 하는 발음에 대하여 간혹 잘못 발음을 하는 경우가 있지만 오류를 알아차리고 수정할 수 있다.

하) 잘못된 발음 오류가 지속적으로 나타난다. 음가(音價)에 대한 지식이 있어도 연습 부족으로 그런 현상이 나타나기도 하고, 해당 발음에 대한 지식이 없어 발음 오류를 인지하지 못한다.

4. Grammatical Endings

개념 정의 동사 과거형 '-ed,' 명사 복수형 '-s,' 소유격/축약 '-s' (apostrophe), 3인칭 단수 현재동사 '-s' 등 문법적 활용 어미의 발음을 제대로 처리하며 낭독하는가?

수준

상) 해당 문법적 규칙이 지켜지는 형태로 정확하게 낭독한다.

---

*파열음(plosives)
짧은 터짐소리로 'b,' 'p,' 't,' 'd,' 'k,' 'd,' 'ʃ,' 'tʃ'가 있음. 파열음은 묵음화 되어 거의 들리지 않을 수도 있지만 세련된 발음을 위해 꼭 연습해야 함. 한국의 영어 학습자들이 흔히 모음을 첨가하여 발음하는 경향이 강하여 상당히 주의를 해야 함. 예를 들어, fish와 fishy는 의미가 완전히 다른데 한국 영어 학습자들은 흔히 모음을 붙여 fish를 fishy처럼 발음하여 의사소통에서 웃지 못 할 경우가 자주 발생함.

중) 문법적 규칙에 맞게 낭독해야 함을 인지하고 있으나 실수 또는 연습 부족 등으로 간혹 오류가 발생하거나 생략을 하고 낭독한다. 수정의 기회가 있으면 알아차리고 수정한다.

하) 아직 문법적 규칙에 대한 지식이 부족하여 문법적 활용 어미에 대한 중요성을 인지하지 못하고 발음 오류가 계속 발생한다.

Rhythm (리듬, 억양) : 자연스러운 영어 톤으로 낭독하는가?

5. Content/Function Words

개념 정의 내용어(content words)와 기능어(function words)에 따른 강음과 약음을 제대로 처리하면서 낭독하는가?

수준

상) 내용어와 기능어에 대해 올바른 형태로 강약을 조절하여 리듬감을 충분히 살려 낭독한다.

중) 간혹 내용어와 기능어의 강음, 약음 처리에서 오류가 발생할 수 있으나 대체적으로 리듬감 있게 낭독한다.

하) 내용어와 기능어에 대한 이해가 부족하여 똑같은 길이로 각 단어들을 마치 한국말하듯 낭독한다.

---

* 내용어 (content words)
문장 안에서 내용과 의미를 지니고 있는 단어들로 강하게 발음됨. 명사, 동사/대동사, 형용사, 부사, 의문사 등.

* 기능어 (function words)
단어 자체의 의미보다 문장 안에서 구와 절 덩어리를 문법적으로 이어주는 기능을 담당하며 약하게 발음됨. 인칭대명사, 관사, 전치사, be동사, 조동사, 접속사 등

6. Intonation

개념 정의 문장의 종류에 따라 내림조, 올림조, 올림내림 혼합조 등의 억양을 제대로 구분하여 문장의 의미에 맞게 낭독하는가?

수준

상) 내용에 대한 이해를 바탕으로 올바른 억양 형태를 이용하여 낭독한다.

중) 간혹 억양에 대한 오류가 있지만 그 오류가 크게 의미를 손상하지 않을 정도이며 연습량을 늘리면 충분히 상급 수준으로 낭독할 수 있다.

하) 영어 특유의 억양에 대한 이해가 거의 부족하고 낭독할 때 한국말 억양이 그대로 묻어나거나 잘못된 억양으로 낭독한다.

7. Naturalness

개념 정의 낭독 속도, 발음의 정확성 그리고 억양과 리듬 등에서 원어민에 가까운 소리로 낭독할 수 있는가?

수준

상) 적절한 속도와 정확성이 있으며 올바른 억양으로 리듬감 있게 낭독을 하여 마치 원어민처럼 들린다.

✱ 억양(intonation)
그 문장의 종류, 즉 평서문, 의문문, 부가 의문문, 명령문, 감탄문에 따라 올림조, 내림조, 올림내림 혼합조 등으로 소리의 올라감과 내려감으로 구분됨.

✱ 리듬(rhythm)
소리의 세고 약함(강약)과 길고 짧음(장단)이 어울려 나타나는 소리 흐름의 패턴을 말함. 자연스러운 영어 낭독은 리듬, 억양, 강세가 모두 적절하게 조화를 이루어야 함.

중) 부분적으로 부자연스럽게 낭독하는 곳이 있지만 영어다운 억양과 리듬이 느껴진다.

하) 힘들게 억지로 읽는 것처럼 부자연스럽게 띄엄띄엄 낭독한다.

8. Practice Amount

개념 정의 단어를 잘못 읽거나 리듬, 억양이 깨어지는 일 없이 충분히 연습하여 낭독하는가?

수준

상) 많은 연습을 통해 막힘없이 유창하게 낭독이 진행된다.

중) 평상시 보다 수준이 낮은 낭독을 하여 연습이 부족했음이 드러난다.

하) 낭독 연습이 절대적으로 부족하여 주저주저 또는 멈칫멈칫하는 형태로 낭독을 한다. 마치 낭독하는 부분을 처음 읽고 있는 듯하다.

Pause (끊어 읽기) : 정확히 이해하며 낭독하는가?

9. Thought Groups

개념 정의 의미 덩어리 단위로 읽으면서 저자의 의도를 정확히 이해하며 낭독할 수 있는가?

수준

상) 의미 덩어리 단위로 구와 절을 나누어 구분할 수 있으며 듣는 사람이 이해하기 쉽게 적절한 곳에서 끊어 읽을 수 있다.

중) 간혹 내용이 이해가 가지 않는 부분에서 끊어 읽기 오류가 나타나고, 어렵거나 모르는 단어에서 단어 단위로 읽는 현상이 나타나지만, 대체적으로 이해할 수 있을 정도로 끊어 읽기를 하며 낭독한다.

하) 한 단어씩 띄엄띄엄 끊어 읽거나 쉼표, 마침표 등을 무시하고 자신이 숨이 차서 멈추는 곳에서 끊어 읽는다.

10. Sentence/Passage Understanding

개념 정의 문장과 문장 이상의 수준에서 글의 분위기를 파악하여 감정을 제대로 표현하면서 낭독하고 있는가?

수준

상) 글에 대한 이해도가 높아 글의 분위기를 잘 알면서 감정, 끊어 읽기, 강세 등을 제대로 표현하며 낭독한다.

중) 글의 이해도가 있어도 부분적인 오류가 있고, 낭독 연습이 충분치 않아 멈칫거리는 부분이 한두 곳에서 나타날 수도 있다.

하) 주저주저 또는 멈칫멈칫하면서 전체 글에 대한 생각보다 눈앞에 보이는 단어 단위 수준으로 읽는다.

영어 낭독 평가기준에 대해서 자세히 살펴보았습니다. 어떤 기준으로 영어 낭독을 평가할 수 있는지 되새기며 낭독 훈련을 한다면 좀 더 효율적이겠지요?

이야기를 마무리 하면서 낭독 훈련 중 자주 범하는 발음 오류에 대해서 살펴볼까 합니다. 위의 평가 항목과 함께 기억해 두면 좋을 거예요. 한 가지 유의할 점은 평가를 너무 의식해서 낱말 하나하나를 따져가며 연습을 하지는 말아야 한다는 거예요. 그런 노력도 나름의 의미가 있겠지만 많은 시간이 필요해 지치기 쉽고, 스피킹의 유창성을 목표로 삼는 영어 낭독 훈련에 방해가 되기도 하니까요. 강조하여 낭독할 포인트는 글의 내용에 따라 다를 수 있기 때문에 최대한 위 평가 항목과 주요 발음 오류에 대한 내용을 참고해, 전체적인 흐름에 맞춰 오디오의 원어민 발음에 최대한 가깝게 읽을 수 있도록 낭독 훈련을 하면 됩니다.

주요 발음 오류의 내용

· 잘못된 발음 : 'v'를 'b'로, 'f'를 'p'로 잘못 발음하는 경우

· 잘못된 강세 : 단어에 강세를 잘못 두어 발음하거나 문장에서 강하게 읽어야 할 부분을 놓침.

· 건너 띄기 : 단어를 빼먹고 읽거나 한 단어의 발음에서 빠진 부분이 있음.

· 잘못된 끊어 읽기 : 의미 단위를 무시하고 낭독함.

· 잘못된 발음 삽입 : 단어 발음 끝에 불필요한 발음을 넣음. 주로 '아/어/이' 같은 모음을 단어 끝에 첨가함(fish vs. fishy).

쉬｜어｜가｜기
스피킹을 위한 영영사전 활용 가이드

지금부터는 스피킹 달인이 되기 위해 꼭 지녀야할 필수 무기를 고르는 요령에 대해서 이야기해 볼까 합니다. 영영사전을 고르는 요령 및 활용법에 관한 노하우인데요, 참고하면 스피킹 실력을 키우는 데 많은 도움이 될 거예요. 영어 낭독 훈련에 활용해 보세요.

'영어 스피킹 달인'의 필수 무기

예전에 1년에 한 번씩 전체 외신 전문기자들을 대상으로 치러진 영어시험에서 해외 경험이라곤 미국 출장 1주일이 고작인 순수 국내파 기자가 미국이나 영어권 국가에서 학위를 받은 기자들을 제치고 1등을 했습니다. 기자들 사이에서도 대단한 이슈가 되었던 사건이었습니다. 평소에 어떻게 영어 공부를 하는지 유심히 관찰했더니 그 사람은 습관적이고도 꾸준한 영어사전, 특히 영영사전의 활용에 성공 비결이 숨어 있더군요. 사실 영영사전을 잘 활용하면 굳이 미국이나 영국에 가지 않더라도 영어를 잘 할 수 있습니다. 그럼에도 대부분은 영영사전의 활용을 대수롭지 않게 여기거나 무시하는 경향이 있습니다. 또 어찌된 영문인지 학교에서도 영어 선생님들이 영어 말하기와 글쓰기 학습에서 꼭 필요한 영영사전의 활용법에 대해서도 잘 가르쳐주질 않고요. 그래서 학생들도 영영사전이라고 하면 영한사전처럼 그저 단어의 뜻만을 찾아보는 것쯤으로 여기고, 실제 Speaking과 Writing에 활용하는 것을 찾아보기가 힘들지요.

여기까지만 듣고 벌써 '영한사전은 버리고 영영사전만 봐야지'라고 성급한 결정을 내린 것은 아니겠지요? '영영사전을 보라'고 하는 것이지 '영한사전은 보지 말고 영영사전만 보라'고 하는 것은 절대 아닙니다. 단지 단어의 의미만을 찾아보려면 영한사전이 좋습니다. 우리말로 친절하게 설명되어 있는 것보다 더 좋은 사전은 없으니까요.

영영사전을 사용하는 이유는 단어의 의미를 찾기 위함이 아닙니다. 그 보다는 실전 스피킹 상황에서 유용하게 써먹을 수 있는 영어 예문을 익히기 위함이에요.

전 세계에서 가장 많이 팔리는 영어사전은?

예전에는 성경과 사전을 각각 영어로 The Bible, The Dictionary라고 표기했었는데, 요즘은

bibles와 dictionaries라고 표기합니다. 예전에는 성경과 사전이 한 종류 밖에 없었으므로 정관사와 대문자를 사용해 일종의 고유명사 취급을 하였는데, 지금은 그 종류가 무수히 많아져 복수와 소문자를 사용하여 일반명사 취급을 하기 때문입니다. 영영사전의 종류도 이렇듯 많아지다 보니, 막상 어떤 사전을 선택할 것인가도 결코 쉬운 문제가 아니지요.

'어느 사전이 제일 좋을까?' 영영사전을 사용하려고 결심한 사람들은 대부분 하는 고민일 겁니다. 주위에 영어 꽤나 하는 사람들에게 좋은 영영사전을 추천해 달라고 부탁해 보지만 사람마다 영어 실력의 수준과 사전을 고르는 선택 기준이 다르고 다분히 주관적이다 보니 별 도움이 안 되는 경우가 많습니다. 그럼 이 문제를 다른 각도에서 생각해 봅시다.

전 세계에서 가장 많이 팔리는 영어사전이 무엇일까요? 물론 가장 많이 팔리는 사전이 가장 좋은 사전이라고 단정 지을 수는 없습니다만 한 나라가 아닌 전 세계에서 가장 많이 팔리는 사전이라면 분명히 좋은 사전임에 틀림없을 겁니다. 현재 전 세계에서 판매량이 많은 영영사전들을 꼽는다면, 'Longman Dictionary of Contemporary English(이하 Longman)'와 'Collins Cobuild Dictionary of English Language(이하 Collins Cobuild),' 'The Oxford Dictionary of Current English' 그리고 'Webster Dictionary of English' 정도입니다. 우리나라 영어 영문학회에서도 공식적으로 추천하는 사전들입니다.

그럼 원어민들은 어떤 영어사전을 보나요?

'원어민들이 많이 보는 사전이라면 당연히 좋은 사전이겠지?'라는 생각은 빨리 버리는 것이 좋습니다. 원어민에게 좋은 사전이 외국인인 우리에게도 반드시 좋은 사전이라고는 말할 수 없기 때문입니다.

영어사전은 구성면에서 크게 두 가지 형태로 나누어집니다. 우리의 국어사전처럼 단어와 뜻만이 알파벳순으로 나열되어 있는 것과 개별 단어의 의미뿐만 아니라 문법 용례들이 예문과 함께 상세히 수록된 것이 있습니다.

만약 국어사전을 구입한다면 이 두 가지 가운데 당연히 첫 번째 형태로 된 사전을 택할 겁니다. 한글이 모국어인 우리가 국어사전을 고를 때는 예문이나 용례는 그다지 별 필요가 없기 때문이지요. 하지만 영어사전을 고를 때에는 사정이 다릅니다. 외국어인 영어의 경우에는 어떤 단어의 뜻을 아는 것도 중요하지만 그 단어가 문장 속에서 어떻게 사용되는지 보여 주는 용례와 적절한 예문이 어떤 의미에서는 보다 중요할 수가 있습니다.

원어민들 역시 마찬가지입니다. 그들은 영어가 모국어이므로 용례 설명이나 예문은 별로 필요하지 않습니다. 따라서 그들이 선호하는 사전은 단어의 의미를 간략하게 설명한 채 방대한 수량의 어휘를 싣고 있는 'Webster Dictionary of English'와 같은 거예요.

'Longman'이나 'Collins Cobuild'는 단어의 뜻과 함께 용례 설명과 예문이 잘 수록되어 있는 사전들입니다. 이런 사전은 원어민들보다는 외국인이 보는 데 적합한 사전입니다.

예문과 용례를 상세히 수록한 영어사전이 꼭 위에서 소개한 두 사전만 있는 것도 아닌데, 왜 굳이 이 두 사전을 추천하는 걸까요? 'The Oxford Dictionary of Current English' 같은 영어사전에도 예문과 용례 설명이 어느 정도 상세하게 수록돼 있습니다만, 수록된 예문과 용례들이 실용적이지 못하고 다소 문학적이거나 고어적인 것들이 많은 편입니다. 최근 들어서 개정판을 내면서 실용적인 예문으로 바꾸고 있기는 하지만 아직은 미흡한 부분이 있습니다. 이에 반해 'Longman'이나 'Collins Cobuild'는 실용적이며 현대적인 예문과 용례들을 수록하고 있기 때문에 많은 영어 전문가와 독자들이 이 두 사전을 최고라고 평가합니다.

도움이 되는 세 가지 영어사전

학생들을 가르치면서 평소 10여 종의 영어사전을 곁에 두고 사용하는데, 그 중에는 'Everyman's English Pronouncing Dictionary' 같은 발음 기호 사전도 있지요. 물론 모두가 이처럼 많은 사전을 사용할 필요는 없지만 스피킹을 잘하려고 한다면 유용한 사전 몇 가지 정도는 잘 활용해 보는 것이 좋습니다. 바로 다음 세 부류의 사전이 그런 것들이라고 할 수 있습니다.

첫째, 'Longman'과 'Collins Cobuild'

이 두 사전은 특히 스피킹을 할 때는 거의 필수라고 할 수 있습니다. 그 이유는 수록된 예문과 용례 설명이 너무 좋기 때문이라고 했습니다.

국내에서도 이 두 사전을 사용하는 사람들이 많습니다. 그 중 많은 사람들이 이 사전들을 갖고 있으면서도 효과적으로 활용하지 못하고 있다는 데 문제가 있지만 말입니다.

'Longman'이나 'Collins Cobuild' 사전의 핵심적 내용은 바로 단어의 뜻 다음에 이어지는 용례와 예문입니다. 단어의 의미만 대충 파악하고 넘어가는 식으로 이 사전들을 활용하는 것은 스피킹 학습에 별로 도움이 되지 않는다는 걸 기억하세요.

그렇다면 'Longman'과 'Collins Cobuild' 사전을 효과적으로 사용하는 방법은 무엇일까요? 'Longman' 사전에 수록된 solution이라는 단어를 실제 찾아보면 [+to] 다음에 solution의 뜻, 즉 an answer to a difficulty or problem(어려움이나 문제의 해답이나 해결책)이 있습니다. 그런데 여기서 관심 있게 보아야 할 것은 단어의 의미 설명 앞부분에 있는 [+to]입니다. 왜 앞부분에 써 놓았을까요?

그 이유는 solution이 문장 속에서 쓰일 때의 용례를 설명하기 위해서입니다. solution이라는 단어는 전치사 to를 쓰고 목적어를 취하는 명사라는 것을 말해 주는 거예요. 그 다음에 수록된 예문은 그것을 분명하게 보여 주고 있고요.

There are no simple solutions to the unemployment problem.
(실업 문제에 대해 단순한 해결책이란 존재하지 않는다.)

다음의 표현들을 한번 살펴볼까요?
· an answer about the question(질문에 대한 답)
· a clue of the accident(사건의 실마리)
· a key of the mystery(미스터리의 열쇠)

그런데 위의 세 표현은 모두 틀렸습니다. 어디가 잘못 됐을까요? 결코 쉽지 않죠? 그냥 우리말로 옮겨 보면 이상한 데가 전혀 없어 보입니다. 그래서 사람들은 실제로 영어로 말을 할 때 아무 생각 없이 대개 이렇게 표현을 하곤 합니다.

모두 전치사가 틀렸습니다. answer, clue, key라는 단어는 모두 solution처럼 전치사 to를 쓰고 그 다음에 목적어를 사용하는 명사들입니다. 이제 올바로 고쳐 볼까요?

· an answer to the question(질문에 대한 답)
· a clue to the accident(사건의 실마리)
· a key to the mystery(미스터리의 열쇠)

그럼 어떻게 이런 실수를 하지 않고 정확히 영어로 표현을 할 수 있을까요? 바로 평소 'Longman'이나 'Collins Cobuild'를 찾아보며 용례와 예문을 익히는 습관을 기르는 것입니다.

자, 그럼 이번에는 'Collins Cobuild' 사전에 수록된 inform이란 동사를 살펴볼까요? inform은 '알리다,' '통지하다'라는 뜻의 동사입니다.
만약 "나는 그에게 그 소식을 알렸다"는 문장을 영어로 표현하면 어떻게 될까요?
"I informed the news to him."이라고 말하고 싶은 사람들이 많을 겁니다. 우리말로 생각해 보면 틀린 데가 없어 보이지만 틀린 문장입니다. inform이란 동사는 '누구에게 무엇을 알리다'라고 표현할 경우 'inform someone of something' 또는 'inform someone + 절(clause)'의 구문을 사용해야하기 때문입니다. 따라서 이 문장을 올바로 고쳐 쓰면 "I informed him of the news."가 됩니다.
'inform이란 동사를 문장 속에서 어떻게 올바로 쓸 수 있을까?'에 대한 답이 바로 'Longman'이나 'Collins Cobuild' 사전에 쓰여 있는 내용 중 용례 설명과 예문에 나와 있는 거예요.
'Longman'과 'Collins Cobuild' 사전 중 어느 것이 더 좋을까요? 두 사전 중 어느 것이 더 좋다고 말하기는 참 힘듭니다. 사람마다 취향이 다르니까요. 이렇게 골라보세요. 그리고 품사별로 단어를 몇 개 생각해내서 그 단어를 각각 사전들에서 동시에 찾아봅니다. 예컨대 명사 influence, 동사 carry, 형용사 familiar, 그리고 전치사 over를 각 사전에서 동시에 찾는 겁니다. 그리고 이 때 단어의 뜻뿐만 아니라 예문, 용례 등을 철저히 비교하며 살핍니다. 이렇게 하다보면 어느새 자신도 모르게 '이 사전이 내게 맞는 것 같은데' 혹은 '아니야. 이 사전은 표현이 너무 문학적이고 구식이야'라는 감이 대충 옵니다. 이렇게 영어사전을 고르면 자신에게 맞는 영어사전을 고를 수 있을 거예요.

둘째, 'BBI Combinatory Dictionary of English'
'여행을 하다'를 영어로 표현할 때, '여행'이라는 뜻의 명사 journey와 함께 사용하는 동사가 뭘까요?
영어 말하기를 할 때 한국인들의 커다란 문제점은 하나의 표현을 제대로 구사하지 못한다는 점입니다. 이 경우만 하더라도 journey와 함께 사용하는 동사 표현이 얼른 생각나지 않을 거예요. 이런 문제점을 극복하려면 평소 'BBI'와 같은 결합 표현 영어사전을 적극적으로 활용하는 것이 좋습니다. journey의 뜻뿐만 아니라 journey라는 단어가 다른 단어들과 결합해 사용되는 다양한 표현들이 잘 수록되어 있습니다.

예를 들어, '여행을 하다'라는 표현을 하려면 'go on/make/set out on/undertake a journey' 중 하나를 사용하면 됩니다. 그리고 '즐거운 여행'이나 '세계 일주 여행'을 표현하고자 할 때도 사전에 소개된 a pleasant journey와 a round-the-world journey를 참고하면 되고요.

'BBI' 사전은 영어로 어떤 표현을 하고자 하는데 잘 생각이 나지 않을 경우, 핵심어를 통해서 적절한 결합 표현을 찾아보는 데 아주 유용한 사전입니다. 한 마디로 스피킹 맞춤 사전인 셈입니다.

셋째, 'Oxford Picture Dictionary'

스피킹을 할 때 많은 도움이 되는 영어사전 중 그림사전(Picture Dictionary)을 빼놓을 수 없습니다. 주제별 또는 상황별로 그려진 그림들을 통해 필요한 단어와 표현, 그리고 간단한 회화 문장을 수록해놓은 구성입니다. 예컨대 교실이 그려진 그림 페이지를 살펴보면 우리가 일상적으로 수업과 관련해 알아야 할 필수단어 및 표현들을 쉽게 익힐 수 있습니다. 특히 이런 그림사전은 말로는 쉽게 설명하기 힘든 물건이나 사물을 나타내는 단어나 표현을 찾아보고 익히는 데 큰 도움이 되지요.

이런 그림 영어사전으로 대표적인 것은 옥스퍼드대학 출판사(Oxford University Press)에서 발행된 'Oxford Picture Dictionary'가 있습니다. 보다 쉽고 기초적인 내용을 원한다면 'The Basic Oxford Picture Dictionary'도 있고요.

영영사전 구입 비용이 아까워서 구입을 망설이지 말고, 스피킹을 잘하고 싶다면 이상 소개한 위의 세 종류의 영영사전들은 꼭 구입해 활용하는 것이 좋습니다. 영영사전이란 몇 년 지나면 금세 구닥다리가 돼버리는 일반 영어 교재와 달리 대물림을 해가면서 쓸 수도 있으니까요.

Chapter 5
다른 사람의 영어 낭독 체험을 자기 것으로 만들어라

"장금아, 사람들이 너를 오해하는 게 있다.
네 능력은 뛰어난 것에 있는 것이 아니다. 쉬지 않고 하는 데 있어.
모두가 그만 두는 때에 눈을 동그랗게 뜨고 다시 시작하는 것,
그게 바로 너다."

- 드라마 「대장금」 중에서

레인메이커rain maker란 단어를 아세요? 옛날 인디언 부족 마을에 가뭄이 들면 이 레인메이커가 기우제를 지내며 주술적인 힘을 이용하여 비를 내리게 했다고 합니다. 한 인디언 부족이 기우제를 지내기만 하면 비가 왔다고 해요. 대단한 능력을 가진 레인메이커가 있어서였을까요? 아니요, 그 이유는 아주 간단했어요. 이 부족은 기우제를 지내면 비가 올 때까지 지냈기 때문이랍니다.

국내 최연소 토익 만점자의 영어 낭독 훈련

국내 최연소로 11살(초등 4학년)때 토익TOEIC 시험에서 만점을 받은 서지

원 양이 다큐멘터리(EBS 방송)에서 보여준 공부 방식은 원어민의 발음을 듣고 따라 말하는 전형적인 섀도우 스피킹이었습니다. 방송에서는 CNN 뉴스를 듣고 스크립트를 그대로 따라 말하는 장면을 보여주었는데요, 영어를 처음 배우기 시작할 때 서지원 양의 어머니는 마치 비가 내릴 때까지 기우제를 지내는 인디언들처럼 '따라 말하기 낭독 연습'을 꾸준히 하게 했다고 합니다. 어머니가 부엌에서 설거지를 할 때 그릇 씻는 물소리 너머로 영어 낭독하는 소리가 들리도록 큰 소리로 따라 읽게 했는데 어떤 날은 서지원 양이 목이 너무 아프다고 한 적도 있었다고 합니다. 왜 그렇게 목청껏 읽도록 시켰냐면 말할 때 '자신감'을 갖게 하려고 했다는데요, 아마 서지원 양의 어머니도 한국 사람들이 영어회화를 할 때 주눅이 많이 든다는 걸 알고 있어서가 아니었을까요? 그렇게 큰 소리로 연습해도 실전에서는 목소리가 줄어들기 마련이니까요.

요즘 토플TOEFL, 토익TOEIC 시험에는 말하기와 쓰기 섹션이 추가됐습니다. 토익TOEIC의 스피킹 테스트 섹션을 보면 첫 두 문항이 'Read a Text Aloud'입니다. 발음Pronunciation과 억양Intonation 그리고 강세Stress 등이 평가 항목인데, 얼핏 생각하기에 스크립트script를 보고 그냥 죽 따라 읽는 게 무슨 시험이냐, 그러면 누구나 점수를 얻을 수 있는 게 아니냐고 생각할 수 있습니다. 하지만 그렇게 쉽지만은 않습니다. 처음 보는 문장을 정확하고 유창하게 읽을 수 있다는 것은 그 사람의 읽기 실력, 나아가 스피킹 실력을 간접적으로 나타내 주기 때문이지요. 한글로 된 텍스트도 처음 보고 읽으려면 긴장을 하게 마련인데 영어로 된 텍스트라면 우선 모르는 단어가 있다면 읽을 때 정확성도 떨어지고 그 부분에서 얼버무리거나 속도도 떨어질 거예요.

그보다 더 중요한 것은 평가자가 들어보면 수험자가 얼마나 그 지문의 내용을 이해했는지 그 'comprehension(이해 수준)'의 정도를 평가할 수 있다는 것입니다. 사실 구 phrase와 절 clause의 덩어리, 즉 의미 단위로 얼마나 적절히 끊어서 읽을 수 있는지, 또 글의 성격에 따라 감정의 표현 expression이 얼마나 풍부한지 들어보면 그 사람의 영어 수준이 어느 정도인지 판가름할 수가 있으니까요. 실제 문제를 살펴보면 45초간 텍스트 지문을 먼저 읽어 보면서 준비할 시간을 주는데, 그 짧은 시간 동안 수험자는 지문이 어떤 종류의 글인지 이해하고 어떤 분위기로 어디를 강조해서 읽어야 할지 파악을 해야 합니다. 영어 실력이 좋으면 좋을수록 보다 정확하고 유창하게 지문을 읽을 수 있을 것입니다.

이처럼 이제 토익TOEIC시험마저도 눈으로 이해하는 영어에서 표현하는, 즉 말과 글로 '생산해 내는 영어Production English'로 바뀌어가고 있습니다. 이것은 영어의 세계어화가 가속된다는 말이고 우리 주변에서 영어가 점점 더 일상 속에 다가올 거라는 말입니다.

그럼 대안이 뭘까요? 대안으로 등장하는 중요한 연습 방법이 바로 '영어 낭독 훈련, 그 중에서도 특히 소리 내어 따라 말하기'입니다.

영어 낭독 훈련에 100일 동안 집중하면 달라진다

미국에서 살아 본 경험이 있는 사람, 특히 성인이 되어 미국에 거주하게 된 사람들은 영어에 대한 스트레스가 더 큽니다. 자신이 경력으로는 좀 더 잘나갈 수 있는 상황인데도 영어 때문에 발목을 잡히는 경우가 허다하니까요. 지적 능력은 미국인 동료들보다 훨씬 앞서는데 그걸 모두 표현할 수가 없으니, 회의 같은 공식석상에서 자신의 능력이 영어 실력과 같은 것처럼 비쳐질 때는 분한 감정을 넘어 자괴감까지 느껴질 정도입니다. 그러나 '망할 놈의 한국 영어 교육……' 하고 체념하기엔 그곳에 머문 시간, 앞으로 머물러야 할 시간이 너무 아깝기만 합니다. 그래서 미국에 가서도 영어 공부를 게을리 할 수가 없는 겁니다.

미국에서 이런 고민을 하고 있을 때 근처 주립대학에서 외국인 근로자들을 위한 영어 세미나가 있다는 걸 알고 등록했던 적이 있습니다. 강의 내용에 대한 설명이 너무 마음에 들었거든요. 그 강의를 소개하는 교수요목syllabus의 일부는 아래와 같았습니다.

This seminar is for those very advanced non-native speakers of English who frequently find themselves searching for the "right" way to express ideas ; and this course focuses on strategies for strengthening two foundations of fluency :

1. Immediately accessible vocabulary

2. Accurate grammatical skills

The goal is to achieve maximum effectiveness in those patterns most appropriate for spoken English. The workshop style of this course makes it perfect for highly motivated persons who learn best by doing.

이 세미나는 비원어민으로 영어실력은 상당한 수준이나 영어로 자기 생각에 대한 올바른 표현 방식을 (아직 자연스럽지 못한 상태로) 빈번히 머릿속에서 찾는 현상을 느끼는 분들을 위한 수업입니다. 또 유창성에 관한 아래 두 가지 기초를 강화시키기 위한 전략에 초점을 맞추고 있습니다.

1. 즉시 입에 올릴 수 있는 어휘
2. 정확한 문법 적용 능력

목표는 스피킹에 가장 적절한 패턴들(문장과 표현)의 효과적인 사용을 극대화하는 데 있습니다. 워크숍 스타일로 진행되는데 실습을 통한 학습을 가장 선호하고 성취동기가 높은 학습자들에게 최적화되어 있습니다.

미국 생활 초기에는 머릿속에 영어지식이 어느 정도 있는데도 의사소통을 하면서 고통스러웠던 경험이 많았습니다. 머릿속에 있는 생각을 전달하기 위한 표현을 찾기가 어렵고 또 입도 잘 안 떨어졌기 때문입니다.

유창하게 말하기 위한 첫 번째 요소인 '즉시 접근 가능한 표현'을 얼마나 알고 있느냐는 입으로 바로바로 생산 가능한 표현을 얼마나 알고 있느냐로 바꿔 말할 수 있습니다. 거기에 문법까지 정확하게 받쳐 주면 수준 높은 영어 구사가 가능합니다. 결국 문제는 머릿속에 표현을 얼마나 알고 있느냐, 이해하고 있느냐가 아니었습니다. 쉬운 표현들이라도 자연스럽게, 즉 머리로 생각하지 않아도 자동적으로 그런 말들이 입에서 바로 나와 주느냐의 문제이지요.

어떤 말을 영어로 어떻게 표현할지 끙끙대고 있다가 원어민 강사의 설명을 유심히 들어 보면 특별히 어려운 용어도, 발음도 아닌 쉬운 말로 주절주절 유창하게 얘기를 하는 걸 볼 수 있습니다. 그러니까 이건 머리 싸매고 이해를 하기 위해 고민할 그런 상황의 문제가 아니라는 말입니다. 얼마나 그 정도 쉬운 표현을 가지고 유창하게 말하는 데 익숙해져 있는가의 문제지요. 우리가 영어 낭독 훈련을 하면서 일상 대화가 많이 섞인 쉬운 영어 동화책을 교재로 이용하는 데에는 다 이런 이유가 있어서였답니다.

이 세미나의 첫 번째 주제는 자기 스피치 패턴 분석 self speech pattern analysis 이었는데, 미리 숙제로 2분간 원하는 주제에 대해서 즉흥 연설한 것을 카세트테이프에 녹음하고 스스로 스피치의 문제점을 분석한 후 보고서로 제출하면 교수가 좀 더 전문적인 분석을 첨가해 줬습니다.

평소에 자기가 말하는 것을 녹음하고 분석해 보는 사람은 거의 없을 거예요. 그런데 실제 녹음된 내용을 들어 보니 참 한심했어요. 말하고 싶은 표현을 찾느라 중간에 um… uh… 하는 '사이음 fillers'이 수도 없이 들어가고, 높낮이도 단조롭고, 문법적으로는 과거나 미래를 현재형으로 말하고, 영어답지 않은 어색한 표현과 말투 일색이었으니까요.

스스로 제출한 분석 리포트와 교수의 분석은 거의 일치했습니다. 같이 수업을 들었던 한 중국인 여자 엔지니어의 스피치의 문제점은 말을 꼭 미국 초등학교 여학생처럼 말한다는 거였습니다. 그러니까 문장 끝의 억양이 올라가는 식이었는데, 아이 같은 말투가 그 사람의 지능이나 학식과는 상관없이 다른 사람들에게 좀 모자라거나 미성숙한 사람으로 비쳐질 가능성이 컸습니다. 이처럼 영어가 제2언어인 이상 자기 모국어의 액센트는 버리지 못하더라도 의사소통 측면에서 매끈한 스피치 패턴으로 영어를 말할 수 있다는 것은 개인의 성공에 상당히 중요한 역할을 합니다.

그렇다면 이 잘못된 스피치 패턴을 도대체 어떻게 고쳐나가야 할까요? 여기서 바로 '영어 낭독 훈련'이 등장합니다. 사실 이 영어 낭독 훈련은 스피치 패턴만 교정하는 것이 아니라, 그것을 넘어 어느 정도 임계점에 도달하면 유창함의 첫 번째 요소인 즉시 입에 올릴 수 있는 표현이 얼마나 되느냐에 대한 실마리도 제공해 줍니다.

세미나를 담당했던 교수는 자신도 프랑스에서 생활을 해 봐서 외국인의 고충을 잘 이해한다면서 영어 낭독 훈련 실행에 관한 경험담을 들려주었습니다. 몇 해 전 대학 주변의 일본 다국적 기업체에서 영어 학습 상담이 들어왔는데, 새로 부임한 일본인 이사(理事)의 영어가 문제였는데 이메일이나 문서를 다루는 데는 문제가 없지만 스피킹에서는 아주 심각한 정도였다고 합니다.

회사의 요청을 받고 교수님이 그 일본인 이사에게 영어를 가르치기 시작했는데 3개월이 지나도록 전혀 발전의 기미가 안 보였고, 뭔가 대책이 없으면 교육비 전액을 돌려 주고 교습을 포기하려 했답니다.

그때 마지막으로 선택한 방법이 바로 영어 낭독 훈련이었는데, 그림자처럼 오디오에서 들리는 원어민 말소리를 바로 뒤에서 따라 읽는 섀도잉shadowing과 처음부터 원어민 말소리와 똑같이 시작해서 오디오에서 들리는 말소리를 자신의 것과 겹치게 따라 읽는 오버랩핑overlapping을 겸했다고 합니다. 꾸준히 3개월 동안 정말 하루도 빠지고 않고 시켰다고 했습니다. 하루에 딱 30분 정도만 '열성적'으로 연습을 하게 했는데, 놀랍게도 그 일본인의 발음에 변화가 생기기 시작했답니다. 일본어에는 받침이 없어서 영어 발음을 어려워하던 그가 조금씩 받침발음을 할 줄 알게 됐고, 억양과 액센트 그리고 속도에 아주 긍정적인 변화가 나타나기 시작했고요. 더 중요한 것은 스피킹에 좀 더 여유가 생겼다는 것이지요. 스스로 그런 변화를 느꼈고 3개월 정도를 더 열심히 훈련해 스피킹 능력이 눈에 띄게 좋아졌다는 거예요. 매일 영어를 소리 내어 말함으로써 영어라는 언어가 말해지는 패턴에 좀 더 익숙해져서 그랬을 거예요.

이렇게 영어 낭독 훈련으로 쌓아진 '긍정적인 말 습관 패턴'은 생활 태도에도 변화를 줍니다. 영어로 말할 때 자신감이 생겨납니다. 알맞은 표현이 잘 떠올라주면 그대로 말을 하면 되고, 적절한 표현이 생각나지 않더라도 별로 개의치 않고 아는 표현을 가지고 말하는 배짱이 생겨 한결 여유로워집니다.

영어 낭독 훈련의 효과를 높이는 방법

그 당시 영어 낭독 훈련 교재는 두 가지 레벨로 나눠 추천을 받았습니다. 높은 레벨은 일반인들이 읽는 탐정소설 detective novels과 그 책의 오디오북(카세트테이프 또는 CD)이었고, 낮은 레벨은 Arthur 동화책 시리즈였습니다.

지도 교수가 동화책이나 탐정소설을 추천한 이유는 '설명과 묘사,' 그리고 '대화'가 적절히 잘 섞여 있어서 영어 낭독 훈련을 통해 프레젠테이션과 회화 부분 연습까지 동시에 가능했기 때문입니다. 건조한 CNN 뉴스 스크립트를 따라 읽는 것보다 실질적으로 훨씬 도움이 됩니다. 사실 일상생활에서 뉴스 앵커처럼 말하는 사람은 없으니까요.

그리고 책 선택을 할 때 기억할 것이 있는데, 여기서 말하는 탐정소설은 현재 일어나고 있는 사건들을 다룬 책이었다는 것입니다. 셜록 홈즈나 루팡 등 18세기 유럽을 배경으로 한 소설이 아니고, 현대 영어 문체와 용어를 사용하는 현대 배경의 탐정소설이 좋다는 것이지요. 탐정들이 사건을 해결하기 위해 여기저기 탐문하면서 사람들에게 이것저것을 물으며, 어떻게 접근하고, 어떤 식으로 도움을 구하고, 어떻게 정보를 얻는지가 상세히 묘사되어 있으니까 외국에 갔을 때 바로 써 먹을 수 있는 말입니다.

처음 낭독 훈련을 시작하는 이들에게는 어려운 탐정소설 보다는 Arthur 시리즈 같은 동화책이 훨씬 효과적입니다. 또한 짝을 지어 낭독 연습을 하면서 서로 코칭을 해줄 수 있는 상황이 되면 더 좋을 것입니다. 그럴 수 없는 상황이라면 혼자서도 꾸준히 하는 것이 좋고요. 스피킹 기본기 fundamentals를 쌓는 훈련이기 때문에 원래 이 기초를 닦는 시간은 지루한 경우가 많습니다. 이런 메마른 시간을 견디기 위해서는 지원 그룹 supporting group의 도움이 절실하지요. 연습을 하다보면 힘든 때가 반드시 찾아오는데 그때 그걸 같이 넘겨줄 수 있는 파트너 또는 코치 같은 도우미가 있다면 포기하지 않고 훈련을 꾸준히 할 수 있을 테니까요. 그리고 이런 영어 낭독 훈련을 이끌 어떤 시스템이 있다면 낭독 훈련을 성공적으로 실천할 가능성이 훨씬 높아질 거고요.

그럼 영어 낭독 훈련을 할 때 중요한 포인트 몇 가지를 알아 볼까요?

첫째, 하루도 빠지지 않고 100일 동안 해 본다.
둘째, 하루에 30분을 넘지 않게, 최대한 맹렬히 낭독한다.
셋째, 영어의 여덟 가지 파열음 plosives 발음에 주의한다.
넷째, 되도록이면 현대 영어로 된, 대화가 많은 오디오북을 선택한다.

'하루도 빠지지 않고 100일 동안 훈련해본다'는 게 가장 중요합니다. 어떤 목적을 향해 자신과의 약속을 100일 동안 지켜보는 경험은 영어 실력의 향상뿐만 아니라 인생의 다른 고비에도 큰 도움이 될 거예요.

또 하루에 30분 이상 하지 말라는 것은, 영어 낭독 훈련 자체가 에너지를 많이 소모하는 활동이므로 너무 무리하지 않는 게 좋다는 것입니다. 낭독 훈련을 제대로 열심히 하고 나면 정말 배가 고파질 정도니까요. 그래서 각자 사정에 맞게 하루 한 문단paragraph 내지 A4용지 한 페이지 정도의 분량으로 맹렬히 30분 정도만 낭독 연습을 하면 충분합니다. 또 한 가지 중요한 영어 발음상의 포인트는 파열음plosives 발음에 유의하는 것인데요, '파열음'은 '짧은 터짐 소리'라고 이해하면 됩니다. 영어에는 여덟 개의 파열음이 있으며 모두 자음 발음입니다.

b as in 'cab'   k as in 'back'
p as in 'tip'   g as in 'big'
d as in 'would'   ch as in 'church'
t as in 'light'   j as in 'judge'

어떤 인터넷 영어 공부 카페 메뉴 중 하나가 회원들이 낭독한 것을 녹음해서 올리는 코너가 있더군요. 모두들 참 열심히 녹음한 파일 몇 개를 들어보다가 2% 부족함을 느꼈습니다. 낭독 속도에 너무 집착한 나머지 빠르게 따라 읽기는 잘했지만 '웅얼웅얼'하는 발음이어서 무슨 내용인지 알아듣기가 어려웠습니다. CNN 뉴스 앵커처럼 명쾌하게 낭독하는 건 희망사항이라 해도 명확하고 세련된 발음을 하기 위해서 반드시 필요한 것이 여덟 개의 파열음 발음 연습입니다.

미국에서 부모님들이 남미 출신이라 스페인어와 영어 이중 언어 가능자bilingual였던 친구를 만난 적이 있는데, 자기 딴에 어릴 적 언어 문제로 왕따 당한 경험이 있어서인지 발음을 지적해주곤 했습니다.

하루는 대화 도중 도대체 '우드'라고 발음한 것은 무엇을 뜻하는 거냐고 묻더군요. 그 단어는 바로 조동사 'would'의 발음이었습니다. 한 시간 동안을 그 녀석이 하라는 대로 'would'의 발음을 따라 해봤지만 별로 성공적이질 못했습니다. '우'도 아니고 '어'도 아닌 '우-어ㄷ'를 순식간에, 그것도 동시에 발음하라는데 참 안되더군요. 안되니까 골이 나서 "너 그럼 '짬뽕' 발음 한번 해 봐"라고 했던 기억이 있는데, 웃으며 지나칠 수도 있겠지만 마지막 철자인 자음 '-d' 발음을 제대로 하지 못하면 상황에 따라 문제가 심각해질 수도 있습니다.

규칙동사의 과거형이 -(e)d로 끝나고, 그 발음이 '-d' 아니면 '-t'로 끝날 텐데 이 발음을 제대로 하지 못해 낭패를 본 경험도 있었습니다. 직장 상사가 하루는 고객에게 전화 연락을 하라고 지시를 했고, 얼마 후 그가 "Did you call her?" 하고 묻기에 "I call(ed) her."라고 대답했는데, 상사는 전화를 하지 않았다는 줄 알고 화를 내더군요.

이 파열음 '-d'의 사소한 차이가 과거와 현재의 엄청난 차이를 내고 말았지요. 뉴스 앵커들도 발음 교정 연습을 많이 하는데 그 중에 이 파열음 발음을 명확히 하는 훈련도 있습니다. 영어로 'articulation(발음 정교화)' 연습이라고 합니다. 만만하게 생각하지만 '-d, -t' 파열음은 실제 제대로 발음하기가 상당히 까다롭습니다. '-d, -t' 발음은 혀끝이 윗잇몸 입천장에 닿아 파열하면서 내는 발음입니다.

"This projec<u>t</u> will bring new business to the marke<u>t</u>."

"I like the way I soun<u>d</u> when I articula<u>te</u>."

이 두 문장을 읽어보면 파열음을 의식하고 발음하는 것과 아닌 것에 차이를 느낄 수 있습니다. 이외에도 많습니다.

"Did you get tha<u>t</u>?"

"I know I'm righ<u>t</u>."

"It doesn't wor<u>k</u>!"

"It won't hur<u>t</u>."

"Get i<u>t</u>?"

"You can't stand i<u>t</u>."

"This must sto<u>p</u>."

"This is going to end with better spee<u>ch</u>."

한국 사람들 귀에는 잘 안 들릴 수도 있지만 원어민은 분명히 발음을 하고 있고, 제대로 발음을 하면 굉장히 세련되고 명쾌한 스피치 패턴을 갖게 됩니다. 문제는 이 발음을 할 때 한국 사람들은 목이 울리도록 진동음을 섞어 유성음처럼 발음해서 의사소통에 문제가 생기는 경우가 많다는 거예요. 보통 '-d, 드', '-t, 트', '-k, 크'라고 표기하는데 한국어의 'ㅡ' 발음이 모음(유성음)이다보니 한국식대로 발음하면 안 됩니다. 영어의 '-d'는 절대 한국어의 '드' 발음이 아닙니다!

이런 발음들은 한국인의 설명을 백 번 듣는 것보다 영어 낭독 훈련을 통해 실제 원어민의 발음을 듣고 따라잡아야 합니다.

영어 낭독 훈련에는 '자기 감동'이 있다

영어 낭독 훈련이 스피킹 기본기를 쌓은 과정이기 때문에 상당히 단순하고 지루하게 느껴질 수 있습니다. 하지만 이렇게 튼튼한 기초를 닦는 과정이 없으면 제대로 된 실력이 쌓이지 않습니다.

영어 낭독 훈련은 본질적으로 '재미없는 훈련'일 수도 있지만, 어느 정도 시간이 지나고 실력이 쌓이면 정말 '재미있는 훈련'이 됩니다. 힘들고, 지루하고, 재미없는 과정을 견뎌 내서 발음도 부드러워지고 감정까지 실어 낭독할 수 있어 영어가 입에 붙는다는 느낌이 들면 영어 낭독이 정말 재미있어집니다.

우리나라 대표적 교육기업인 메가 스터디 손주은 대표는 직영 재수학원 재수생들에게 수학 문제를 매일 30개씩 풀게 하고, 문제를 풀 때마다 일련번호를 꼭 붙이게 하는데, 그 목표를 3000번 심지어는 10000번까지 잡게 하고 1년 동안 하도록 관리를 한답니다. 사실 3000번 하면 대단히 많은 것 같은데 단순 계산으로 하루에 30문제씩 100일 동안 계속

풀면 가능한 숫자이기 때문에 특별히 못할 이유는 없겠지요. 하지만 말이 3000번이고 매일 30문제씩이지 참 어렵습니다. 실천한 학생들의 성과는 놀랍습니다. 10000 문제를 푼 학생이 수능 수학 9등급에서 1년 후 1등급이 나왔다고 해요.

이런 활동의 뒷면에는 양이 늘어나면 질적 변화가 일어난다는 논리가 숨어있는데요, 사실 그런 논리가 중요한 게 아니라 정작 여기서 의도하는 것은 이런 것만은 아닙니다. 수학 문제 번호가 쌓여가다가 마침내 1000번이 되는 그 순간 가슴 밑바닥에서 '감동'이 밀려오기 시작하거든요. 손주은 대표는 '공부는 자기를 감동시키는 것'이라고 정의를 내립니다. 자기가 푼 수학 문제 일련번호는 바로 그런 '자기 감동 지수'이고요. 그렇게 스스로가 감동받게 공부를 하는 학생, 스스로가 기특하게 여겨지는 학생은 반드시 공부를 잘하게 되어 있습니다.

대장금이라는 드라마에서 한 상궁과 장금이 누명을 쓰고 제주도로 귀향을 가다가 쓰러진 상궁이 죽기 직전 장금의 등에 업혀 한 말입니다.

"장금아, 사람들이 너를 오해하는 게 있다. 네 능력은 뛰어난 것에 있는 것이 아니다. 쉬지 않고 하는 데 있어. 모두가 그만 두는 때에 눈을 동그랗게 뜨고 다시 시작하는 것, 너는 얼음 속에 던져져 있어도 꽃을 피우는 꽃씨다. 그러니 얼마나 힘이 들겠느냐."

영어 낭독 훈련도 이렇게 쉬지 않고 해 보는 데 의의가 있습니다. 이리저리 비법을 찾아 헤매는 그 시간에 차라리 한 번 더 입을 열고 영어 낭독을 실천해 보세요. 그것이 한국 영어 교육에서 지금 빠져 있고, 가장 필요로 하는 것이 아닌가 싶습니다.

쉬 | 어 | 가 | 기
매일 외워보는 발음 7문장으로 입과 혀 근육 단련 시키기

무지개를 보려면 먼저 비가 많이 내려야 한다는 말이 있습니다. 혹시 낭독 훈련 중간에 조금 소홀했어도 실패에 굴하지 말고 다시 시작하세요. 넘어지는 게 실패가 아니라 넘어져서 일어나지 않는 것이 실패라는 말도 있으니까요. 여기서 잠깐 한국 영어 학습자들이 정말 잘 못 고치는 발음 몇 가지를 쉽게 터득할 수 있는 방법을 알아볼까합니다. 한국말에는 없거나 잘 쓰이지 않는 소리이기 때문에 특별히 입과 혀 근육 운동을 따로 해야만 제대로 발음할 수 있는 소리들입니다. 단어 하나씩 개별로 발음 연습을 해 보면 곧잘 올바른 소리를 내지만 문장 안에서 연결이 되어 빠르게 발음될 때는 어느 새 자신의 한국식 발음대로 하고 있는 경우가 많습니다. 그래서 실제 도움이 되는 방법은 그런 발음이 들어가 있는 문장을 잠들기 전, 차 기다리는 동안, 하루에 그냥 생각날 때, 아무 때나 중얼중얼해 보는 것입니다. 처음에는 의식적으로 그 발음을 유의해 천천히 연습하세요. 입과 혀 근육이 단련이 되면 마치 숨 쉬는 것처럼 자연스럽게 됩니다.

목적	발음 포인트
'p'와 'f' 파열음 숙달	a cup of coffee from a proper copper coffee pot
'θ' 발음 숙달	thin thighs in thirty Thursdays
'v'와 'b' 발음 구별	visit the valley and see Betty Botter, everybody
'dʒ', 'tʃ' 파열음 숙달	A judge didn't go to church.
'ð', 'dʒ', 'ʃ' 발음 동시 숙달	That page has a funny fish.
't' 파열음 숙달	This project will bring new business to the market.
'k', 'd', 't' 파열음 숙달	I like the way I sound when I articulate.

〈매일 외워보는 발음 7문장〉

1. I drink a cup of coffee from a proper copper coffee pot.
2. You will get thin thighs in thirty Thursdays.
3. Let's visit the valley and see Betty Botter, everybody.
4. A judge didn't go to church.
5. That page has a funny fish.
6. This project will bring new business to the market.
7. I like the way I sound when I articulate.

Chapter 6
포기하지 않고 꾸준히 실천하기 위한 방법을 찾아라

"무엇이든 매일하면 위대해질 수 있다"
- 변화 경영 전문가, 구본형

    암벽 등반 연습장에 가 본 적이 있는데, 그곳 책임자는 연습하는 사람들의 줄도 잡아주고 안전점검도 하며 시설을 관리하고 있었습니다. 마감시간이 가까워올 때쯤 그 관리자가 직접 등반 시범을 보여 주더군요. 힘든 코스를 멋지게 오르는 모습을 보고 주위 사람들은 모두 탄성을 질렀습니다. 박수갈채를 받으며 내려오는 그 사람을 보다가 옆 사람에게 "도대체 뭘 어떻게 해서 저렇게 잘할까요?"라고 질문했지요. 그 대답은 "그냥 매일 했대"였어요. 오랫동안 기억에 남는 대답이었습니다.

    세상에는 실천하기만 하면 결과가 확실한 것들이 있습니다. 매일 규칙적인 운동을 하고 야식을 멀리하면 날씬한 몸매를 유지할 수 있고, 영어 스피킹도 입으로 소리내어 꾸준히 연습하기만 하면 유창하게 할 수 있습니다. 하지만 문제는 대부분 중도에 포기하고 만다는 데 있지요. 이제 마치 전자제품의 A/S(애프터서비스) 같은 시간을 가져볼까 합니다. 영어 낭독 훈련을 성공하기 위해서는 조금 전 그 대답에서 이미 답을 얻었을 거예요. 문제는 '어떻게 하면 이 지루하고 똑같은 활동을 매일 반복할 수 있을까?,' '어떻게 포기하지 않고 꾸준히 실천할 수 있을까?'겠지요. 이제 포기하지 않고, 매일 실천할 수 있는 방법을 찾아볼까 합니다.

영어 학습의 사막에서 길을 헤맬 때 '영어 나침반' 찾기

어느 유명한 영어 강사가 수능 영어 성공에 관한 강의를 하면서 듣기 영역 전략에 대한 설명 중 기출문제 스크립트를 구해서 섀도우 스피킹을 반드시 해보라고 조언을 하더군요. 그런데 '이 강의를 듣고 실제 섀도우 스피킹을 실천한 학생이 과연 몇 명이나 될까' 하는 생각이 들었습니다. '따라 말해보기'가 그렇게 중요하다면 강의에서 저렇게 말로만 강조할 게 아니라 실제 학생들이 실천을 할 수 있게끔 도와줘야 하는 거잖아요.

수많은 영어 학습서나 프로그램이 하루가 멀다 하고 쏟아져 나옵니다. 영어를 가르치는 일을 하다 보니 그런 자료를 많이 접하게 됩니다.

매번 '이렇게 하라, 저렇게 하라'라고 무슨 전투 구호처럼 잔뜩 나열된 주장과 무성한 말잔치 속에 슬슬 짜증이 밀려오기 시작합니다. 하루하루 살아가는 걸 전투에 비유하면 실제 전투에서 필요한 총과 총알, 야

전 훈련은 없고 이렇게 나팔소리와 군가만 난무해서 적과의 전투에서 어떻게 이길 수 있을까요? 뭘 하라고 했으면 어떻게 하는지 구체적인 방법과 틀을 제시하는 것이 책임 있는 전문가의 자세라고 생각하는데 그런 구체적인 진단과 처방책이 참 드물더군요.

많은 영어 학습서나 프로그램 그리고 자기 개발 서적들 내용 중 부족한 그 2%는 바로 따뜻한 온기가 돌고 있는 '사람'이었습니다. 울고, 웃고, 고뇌하고, 포기하고, 싫증 내고, 때론 미련하고, 게으르기까지 한 나약한 인간의 모습을 그런 서적과 프로그램에서는 찾아볼 수 없지요. 나약한 학습자에 대한 가정 없이 프로그램이 설계되기 때문에 신년 초 금연 프로젝트는 매번 작심삼일로 끝나고, 다이어트 프로그램도 번번이 실패로 마감됩니다. 회화 수업도 첫 1, 2주 만 수강생이 북적대고, 전화영어도 2주 정도가 지나면 시들해지며, 문법책은 챕터 2, 3까지만 손때가 묻어 있는 거예요.

영어 낭독 훈련이 다른 영어 학습서나 프로그램과 차별점이 있다고 생각되는 점은 머릿속에 이런 따뜻한 온기가 느껴지고, 유혹에 약한 현실 세계 속의 사람을 항상 염두에 두며 프로그램과 시스템을 만들려고 노력했던 점입니다. 한국 영어 교육에 현실적인 대안을 제시하며 학습자들의 '영어 낭독 실천'에 최대한 초점을 맞춰 기획을 했으니까요. 저자들은 '영어의 사막'에서 길을 잃어 헤맬 때 바른 길을 제시해 줄 수 있는 '영어 나침반'이 되려고 합니다. 영어 낭독 훈련을 하다가 헤매게 될 때는 언제든지 전문가의 도움을 받으세요.

영어 낭독 실천을 위한 무지개 액션 키

어느 부유한 상인이 임종이 가까워 오자 유산 상속을 위해 두 아들을 불러 다음과 같은 말을 했습니다.

"너희가 평소에 다툼이 심하여 유산을 나눠 줘도 또 싸움이 일어나 이 애비가 저승에서 마음이 편치 않을까 염려 된다. 그래서 너희가 시합으로 이기고 짐을 분명히 해서 그런 다툼을 없애는 것이 좋겠다. 저기 쌍둥이 말이 매여 있다. 두 놈 다 튼튼하고 빠르기가 번개 같다. 각자 한 마리씩을 타고 이웃 마을까지 경주를 하거라. 둘 중 더 늦게 도착한 말이 이기는 것으로 하겠다. 시합은 해질녘까지 하는 것으로 하고 만약 아무도 해질녘까지 이웃 마을에 도착하지 못하면 전 재산을 마을 교회에 기부하겠다."

말이 끝나자 두 아들은 각자 말을 타고 더 늦게 달리는 시합을 시작했습니다. 최대한 늦게 가려고 하면서도 마음 한편으론 어떻게든 해지기 전까진 시합을 끝내야 하는데 하며 서로의 눈치를 보고 있었지요. 이런 상태로 가다간 도저히 해지기 전까지 도착을 할 수 없을 것 같았습니다.

어느덧 해가 뉘엿뉘엿 지기 시작하는데 도착 지점까지 아직 반도 못 간 상태였어요. 그때 백발의 한 노인이 지나가다가 이상한 시합을 하고 있는 두 아들의 사연을 듣고는 껄껄 웃으며 한마디 했어요. 그 말을 들은 두 아들은 잠시 말에서 내렸다가 다시 말을 타고 달려 시합을 순식간에 끝내 버리고 말았고요. 두 아들은 시합이 끝난 후 누가 이기고 짐에 상관없이 크게 깨달은 바가 있어 서로 사이좋게 지내게 됐습니다.

그 백발의 노인은 두 아들에게 "서로 말을 바꿔 타게"라고 했답니다.

이 이야기를 통해 '사고, 발상의 전환'을 강조하고 싶었습니다. 영어 공부법에 관한 책들이 '우리 애가 OOO에 들어갔어요. 이 방법이 최고예요'라며 한 개인의 방법이 모든 사람에게 적용될 수 있는 만병통치약처럼 과대 포장 되는 경우가 얼마나 많은가요? 성공하려면 성공한 사람을 따르라는 큰 전제 하에 어떤 사람이 유명해지면 그와 관련된 자기 개발 서적들이 또 얼마나 많이 쏟아져 나오던가요? 실제 따라 해보면 잘 되던가요? '나는 역시 안 돼'라고 좌절감만 더해 주진 않던가요? 사람마다 처한 환경과 능력 그리고 흥미와 기질이 다른데 꼭 이 방법 대로 하라는 것은 마치 세모 구멍에 사각형 조각을 집어 넣으려고 애쓰는 세 살짜리 아이와 같은 행동을 시키는 것일지도 모릅니다.

인생을 여러 가지에 비유합니다. '인생은 결승점을 향해 달려가는 마라톤과 같다,' '인생은 정상을 향해 도전하는 등반과 같다' 등인데, 세상에 대한 경험이 계속 쌓여 갈수록 '인생은 사막 같다'는 비유가 더 마음에 들어옵니다. 사막에는 전날 밤 모래폭풍 때문에 다음 날 사방 지형이 말 그대로 하루아침에 싹 바뀌는 일이 많습니다. 쭉 뻗어있던 도로가 갑자기 사라져 버리기도 하고요. 이런 사막의 비유가 요즘 같은 혼란한 경제 상황과 우리의 일상생활을 더 잘 반영해 주고 있지는 않을까요? 안정된 직장이란 더 이상 존재하지 않고, 원대하게 세웠던 목표와 계획은 하루아침에 틀어지기 일쑤입니다. 왔다 갔다 하는 교육 정책 때문에 아이 교육을 어떻게 시켜야 할지도 잘 모르겠고, 주식이 나은지 아니면 부동산에 더 신경을 써야하는지 모든 것이 불확실하기만 합니다.

이런 상황에서는 정해진 맵(지도) 같은 건 소용이 없고 꼭 필요한 것은 바로 '나침반'입니다. 망망대해에서 북극성과 좌우 별들을 보며 방향키를 잡아 나가듯 몇 가지 '기준과 원칙'에 따라 불확실하고 변수가 많은 상황을 헤쳐 나가야만 하니까요.

영어 낭독 훈련을 포기하지 않고 꾸준히 실천할 수 있는 실행력 향상 아이디어를 소개하려고 준비하면서 많은 고민을 했습니다. 일부 영어 학습서나 자기개발서처럼 이 책도 2% 부족한 주장만을 되풀이한 책이 되면 어쩌나 하고요. 그래서 '다양한 개인의 상황을 아우르면서도 그 개인에게 맞출 수 있는 방법이 뭘까'를 고민했습니다. 성공한 사람의 모델과 패턴을 참고는 하되 철저히 자기에 맞는 방법을 찾아내야 하는 거지요. 그렇게 하여 탄생한 것이 7가지 무지개 액션 키 세트 Rainbow Action Key Set 개념입니다.

다양한 삶에는 다양한 장애의 문들이 등장합니다. 저마다 뚫고 지나가야할 문의 개수마저 다릅니다. 한 개인에게 오늘은 이 문이 등장했다 내일은 또 다른 문이 나타날 수도 있습니다. 이렇게 다양한 장애의 문에 대한 한 가지 만능 열쇠란 게 과연 있을까요? 그보다 언제라도 숫자 조합을 바꿀 수 있는 요즘 디지털 도어락 digital doorlock 처럼 다양한 열쇠 세트를 조합해서 세상에서 하나뿐인 '자신만의 성공 열쇠'를 가지는 것이 어떨까요? 자신의 상황 변화에 따라 열쇠 조합은 또 언제라도 변할 수 있을 것입니다. 이 열쇠 하나하나는 사막이나 망망대해에서 헤맬 때 필요한 나침반처럼 삶에 대한 기준이나 원칙들이라고 생각할 수 있겠습니다. 세상이 더 혼란스럽고 복잡할수록 이런 기준과 원칙들은 더 빛을 발합니다. 그럼 지금부터 자신만의 다양한 열쇠 조합을 만들어 갈 수 있는 '무지개 액션 키 세트Rainbow Action Key Set'에 대해 소개해 볼까 합니다. 무지개 액션 키 세트에는 7가지 열쇠가 있습니다.

1) 자신의 동기 유형 파악 키
2) 기록 습관 키
3) 커뮤니티 가입 키
4) 프로그램 등록 키
5) 영어 낭독 코치 활용 키
6) 리츄얼ritual(의식) 활용 키
7) 징검다리(긍정적 성취 경험) 키

자신이 현재 처한 상황과 조건에 맞게 열쇠 조합을 맞춰서 꾸준한 영어 낭독 실천의 문을 지혜롭게 열어 나가길 간절히 바랍니다. 7가지의 열쇠는 다음과 같은 기능을 합니다.

1) 자신의 동기 유형 파악 키

어떤 일을 추진할 때 사람들마다 그 일의 진행을 촉진시켜주는 요인이 다를 수 있습니다. 어떤 사람들은 불굴의 의지로 목표를 달성해 내는 데 더 큰 성취감을 느낄 수 있고, 또 다른 사람들은 목표 달성보다는 그 일을 하며 주위와의 관계에서 오는 만족감에 더 큰 의미를 두는 경우도 있으니까요. 예를 들어, 한 레벨 당 10주씩인 영어 낭독 훈련을 할 때 두 레벨을 마치고 20주를 한 번도 빠지지 않은 두 사람이 있다고 가정해 볼까요? 한 수강생은 처음 훈련을 시작했을 때 어떤 일이 있더라도 꼭 20주 개근을 해내고 말겠다는 목표를 달성하여 큰 성취감을 느낄 수 있었던 반면, 다른 수강생은 20주 개근이라는 목표보다 여러 사람들과 함께 큰소리로 낭독하는 시간들에 더 큰 즐거움을 느껴 계속 출석을 하다 보니 그렇게 됐을 수도 있을 것입니다.

자신의 동기유형을 판단할 때 크게 두 가지로 나눠 볼 수 있는데, 하나는 '목표 지향형'이고 다른 하나는 '관계 지향형'입니다. 그리고 자신이 어떤 타입이냐에 따라 액션 키 조합에서 다른 숫자 조합이 나올 것입니다. 즉 자신이 '목표 지향형'이면 2) 기록 습관 키, 6) 리츄얼 키, 그리고 7) 긍정적 성취 경험 키 조합이 적합할 겁니다. 대조적으로 자신이 '관계 지향형'이면 3) 커뮤니티 가입 키와 5) 프로그램 등록 키에 더 매력을 느끼고 그런 열쇠 조합을 통해 꾸준히 영어 낭독 훈련을 실천해 갈 수 있을 것입니다.

이렇게 자신의 의욕이 어디에서 솟구치는지 잘 알면 보다 더 수월하게 성공에 다가갈 수 있습니다. 따라서 자신이 목표 지향형에 가까운지 아니면 관계 지향형인지 한번 살펴보고 그에 맞는 열쇠 조합을 스스로 선택해가는 것이 좋겠습니다.

2) 기록 습관 키

혹시 몸무게 때문에 고민해 본 적 없나요? 요즘에는 초등생도 비만이 많아서 다이어트를 해야 하는 경우가 많습니다. 그런데 다이어트에 성공한 사람들이 주위에 많이 있던가요? 어떤 사람이 몸무게를 계속 재기만 했는데 살이 빠졌다는 이야기를 하더군요. 그냥 하루에도 몇 번씩 생각 날 때마다 체중계에 올라가서 몸무게를 재고 간단한 기록지에다가 시간, 몸무게, 변화량 등을 계속 기록한 거예요. 그렇게 석 달 정도가 지나자 실제 몸무게가 약 5킬로그램 정도 빠졌고, 계속 그 몸무게를 유지하게 됐다고 합니다. 설명을 듣고 보니 그럴 수 있겠다는 생각이 들었습니다.

그 사람이 계속 시간 날 때마다 몸무게를 재어보니까 자신이 몸무게를 재기 전에 했던 행동들을 되돌아보게 되었던 거예요. 그러니까 어떤 음식을 먹었고, 어떤 자세로 어떤 활동을 했더니 몸무게가 어떻게 변하더라는 것이 가시적으로 눈에 보이기 시작한 겁니다. 그런 자각이 있으면서 먹는 음식을 조절해야겠다, 어떤 활동을 좀 더 해야겠다는 생각을 하게 되었고, 그 생각 대로 행동을 하게 된 거예요. 알게 모르게 식이요법과 적은 양이라도 계속 운동을 한 셈이었습니다.

'단순한 기록 활동이 습관으로 정착되면 그것만으로도 상당히 긍정적인 결과를 낼 수 있다'는 점에 주목할 필요가 있습니다.

이처럼 꼼꼼한 기록만으로도 실제 성과에 엄청난 영향을 미치는 결과를 낳을 수 있기 때문에 기록 습관의 키를 꾸준한 낭독 훈련 실천의 한 키로 제시합니다. 아래와 같은 기록 양식을 참고해 기록하는 습관을 길러 영어 낭독 훈련 실천에 큰 도움을 받아 보세요.

진도 페이지 :								
녹음일								
	월/일 (요일)	/( )	/( )	/( )	/( )	/( )	/( )	/( )
1	오디오 들으며 끊어읽기 덩어리 슬래시로 표시 (1회 이상)	☐	☐					
2	혼자 낭독해보며 내용 이해하기 (1회 이상)	☐	☐					
3	책 보고 큰소리로 오디오 따라 낭독하기 (10회 이상)			☐☐☐	☐☐☐	☐☐☐	☐☐☐	☐☐☐
4	책 덮고 큰소리로 오디오 따라 낭독하기 (3회 이상)			☐	☐	☐	☐	☐
5	시작 시간 / 마친 시간 / 연습 시간량(분) / 누적 연습량(분)							
	주간 합계	· 책 보고 따라 낭독하기 횟수: _____ 회 · 책 덮고 따라 낭독하기 횟수: _____ 회 · 총 연습 시간: _____ 시간 _____ 분						

3) 커뮤니티 가입 키

　세상을 변화시키기를 원했지만 결국 깨달은 것은, 세상에서 변화시킬 수 있는 유일한 것은 나 자신뿐이었다는 내용의 시(詩)가 있습니다. 사람을 변화시키기가 그만큼 힘들다는 뜻입니다. 한 개인의 변화마저도 안에서 밖으로, 인사이드 아웃inside-out으로 변화시키기가 더 힘들다고 합니다. 무슨 말이냐면 한 사람이 자신의 부족함을 내부적으로 자각하고 밖으로 변화를 이뤄내는 경우가 극히 드물다는 것입니다. 탁월한 사람이거나 독종 혹은 갑작스런 생명의 위험을 경험한 경우가 아니라면 사람은 그렇게 쉽게 변하지 않는다는 얘기입니다.

　'넛지'라는 말을 아세요? 넛지nudge는 '팔꿈치로 슬쩍 찌르다, 주의를 환기시키다'라는 말로 행동과학적 측면에서 타인의 선택을 은근슬쩍 의도하는 방향으로 유도하는 개입으로 정의됩니다. 투표에도 이 개념을 이용하여 '내일 투표할 거냐?', '만약 투표한다면 몇 시에 할 거냐?'라는 간단한 질문만 해도 투표율이 크게 상승한다고 합니다.

　여기서 주목할 것은 인사이드 아웃inside-out 방식의 변화는 상당히 힘들지만 아웃사이드 인outside-in 방식의 변화는 비교적 쉽게 일어나고 성공할 확률도 훨씬 높다는 점입니다. 혼자서는 잘 되지 않다가도 여러 명이 함께 하면 수월하게 일이 진행되는 경우를 주위에서 많이 볼 수 있어요. 마라톤, 산악, 배낭여행 동호회 등 정말 많지요. 특히 자신이 혼자서는 외롭고 어려움을 잘 느끼는 타입이라면 자신을 커뮤니티로 감싸보는 것은 어떨까요? 영어 낭독 훈련 졸업생 동호회 같은 커뮤니티에 가입하거나 또 다른 영어 관련 카페 같은 곳에 등록해 스스로 그런 환경을 만듦으로써 한가지 일을 꾸준히 실천할 수 있도록 해 보는 것도 굉장히 훌륭한 열쇠입니다.

4) 프로그램 등록 키

커뮤니티 가입을 하여 좋은 성과를 얻는 사람이 있는 반면 간혹 인간관계에만 집중하여 본래의 목적을 잊어버리는 경우가 있습니다. 산악 동호회에 가입하여 체력과 정신력을 키우겠다는 목적과 달리 주말마다 음주가무에 빠지거나 꼭 필요하지 않은 비싼 장비 구입으로 가계에 부담을 주는 경우가 있지요. 이런 사람은 전문적인 프로그램에 등록하여 같은 목적을 가진 이들과 프로그램의 커리큘럼에 따라 목표하는 바를 성취할 수 있도록 하는 것이 더 좋습니다.

나아가 프로그램을 수강하는 사람들은 그 프로그램에 충실해야하는 의무감도 생기고 프로그램 수료에 대한 목적의식도 함께 가질 수 있어 꾸준한 실천의 열쇠로 확실한 효과를 누릴 수 있을 것입니다. 영어 낭독 훈련을 함께 하면서 녹음한 내용에 대해 평가도 받고, 조언도 들으면 그 목적인 스피킹 기본기를 다지는 데 도움이 될 거예요.

5) 영어 낭독 코치 활용 키

요즘에 새로이 각광을 받고 있는 직업 분야 중에 '코치'라는 직업이 있습니다. 미국에서는 전문 CEO 코치만 1만 명이 넘는다고 하며, 데이트 코치란 직업까지 있어서 이젠 사랑에도 코치가 필요한 시대가 됐다고 보도하는 기사도 있습니다. 우리나라에서도 한국 코칭 센터 같은 전문적인 코치 양성기관이 있고, 직장인 10명 중 9명이 직장 생활 전문 코치의 필요성을 느낀다는 통계도 있어 코칭이 우리 일상생활의 많은 영역에서 점점 더 중요한 역할을 차지해 가는 것 같습니다.

커뮤니티 가입 키는 여러 사람들과 어울리는 것을 즐기는 사람에게 보다 효과적인 열쇠라고 한다면 이 영어 낭독 코치 활용 키는 개인적인 관리와 지도로 보다 직접적이고 빠른 결과를 원하는 사람에게 좋은 열쇠가 될 수 있을 것입니다. '코칭'이란 개념은 긍정적 심리학 positive psychology 에서 많은 영향을 받아 누구에게나 존재하는 강점에 초점을 맞춰 잠재력을 최대한 발휘할 수 있도록 지원해 주는 것을 말합니다. 흔히 코치를 '지속적인 프로세스 지원자 continuous process supporter'라고 하는데, 코치는 코칭 대상자들의 업무나 학업 수행수준을 향상시키고 목표 달성에 필요한 실천 의지를 북돋아 지속적인 동기 유발을 유도해 내는 데 큰 효과를 발휘할 수 있습니다. 특히 변화가 필요해 보이는데 의지가 다소 부족한 사람이나 꾸준한 실천에 매번 실패를 경험한 사람에게는 코치의 도움이 절대적일 수 있습니다.

영어 낭독 훈련은 남녀노소 누구나 참여할 수 있기 때문에 나이 어린 초등 저학년 학생도 시작할 수 있을 텐데요, 아직 자율적인 학습 습관 형성이 필요한 초중등 학생들에게 영어 낭독 코치는 학습 도우미로서 꼭 필요한 존재라고 생각합니다. 영어 낭독 코치를 소개한 부분에서 언급했듯이 영어 낭독 코치가 되기 위해 오랜 기간의 특별한 인증 과정을 거쳐야 할 필요는 없습니다. 상대방에 대한 이해와 애정을 갖고 학습 관리를 꼼꼼하게 해줄 수 있다면 누구나 될 수 있어요. 그래서 어떤 경우에는 친구끼리, 연인끼리, 선후배끼리 서로 영어 낭독 코치의 역할을 해주며 코칭의 힘으로 꾸준한 실천의 산을 같이 넘을 수도 있을 것입니다.

6) 리츄얼(의식) 만들기 키

리츄얼ritual이란 반복적으로 행해지는 의식(儀式), 의례(儀禮)를 의미하는 것으로 제사나 명절 차례, 성당의 미사 같은 걸 말합니다. 술잔을 들 때 '건배'하고 외치는 것도 일종의 리츄얼이라고 할 수 있습니다. 이 리츄얼의 힘은 대단해서 한 번 형성이 되면 웬만해선 바꾸기가 힘든 면이 있습니다. 이러한 리츄얼의 장점을 활용해 보는 거지요.

영어 오디오 자료가 필요한 곳에서 영어 낭독 봉사를 하는 기회를 리츄얼화 시킬 수 있다면 자신의 낭독 수준을 향상시키기 위해 노력을 하지 않을 수 없을 것입니다. 남들이 내 낭독을 들으며 필요한 정보를 얻는다는 생각이 들면 조금이라도 더 좋은 낭독을 하기 위해 매일 자신의 실력을 갈고 닦으려 하지 않을까요?

또 '플랜 B' 만들기를 리츄얼화 해보는 것도 재미있습니다. '플랜 B'란 본래의 계획이 장벽에 부딪혔을 때 실행할 수 있는 제2의 대안을 말합니다. 그러니까 매일 달리기를 하기로 했는데 비가 내리는 날은 이웃집의 러닝머신을 빌려서 달리겠다고 미리 플랜 B를 세워 놓는 식입니다.

이것은 자신이 마음먹은 이상 절대 무산되지 않도록 여러 가지 상황에 대해 미리 대비책을 마련해 놓는 것입니다. 매일 집에서 20분 동안 연습을 하는데 출장이나 여행을 가게 되면 어떻게 연습을 할 것인가? 갑자기 피치 못할 약속이 생기거나 할 일이 생겨 계획했던 연습을 제 시간에 하지 못하게 된 경우에는 어떻게 연습을 할 수 있겠는가? 이렇게 발생할 수 있는 몇 가지 상황들에 대해 어떻게 대처할 것인지 미리 플랜 B를 세워 놓는다면 중단 없이 잘 해 나갈 수 있을 것입니다.

좀 더 생각해 보면 영어 낭독을 생활의 일부로 리츄얼화 할 수 있는 다양한 방법을 발견할 수 있을 것입니다. 그렇게 형성된 리츄얼은 꾸준한 영어 낭독에서 아마도 가장 강력한 실천의 열쇠가 되지 않을까요?

7) 긍정적 성취 경험 키 / 징검다리 쌓기 키

이를 닦지 않으면 어떤 느낌이 들던가요? 위생상 이렇고 저렇고 머리로 생각하기 이전에 그냥 느낌만으로도 불편한 생각이 들지요. 어린 시절에는 이 닦는 것이 귀찮거나 하기 싫어서 투정을 부리기도 했을 겁니다. 하지만 매일 이를 닦다 보니 어느 순간 자고 일어나면 제일 먼저 하는 일 중의 하나로 변화가 일어났을 테고요. 이렇게 강렬한 한 번의 자극보다는 짧더라도 반복적으로 지속되는 자극이 '자율성'을 만들어 내는 원천이 됩니다.

부모가 아이들에게 해 주어야 할 일 중 빠뜨려서는 안 될 일이 하나 있는데 그것은 바로 아이들에게 '긍정적 성취감'을 맛보게 해 주는 것입니다. 요즘 자기주도 학습이라는 개념이 대세인데 자기주도 보다도 더 앞서야 하는 것이 긍정적 성취 경험일 겁니다. 왜냐하면 긍정적 성취 경험이 있어야 그 일을 계속 하고 싶게 되고, 몰입해 지속적으로 하다 보니 진짜 실력으로 발전하기 때문입니다. 공부해야 하는 이유를 아이에게 백 번 설명하는 것보다 한 번이라도 작은 학습 성취감을 온몸으로 체험하도록 하는 것이 훨씬 효과적이니까요. 한마디로 'Small wins first!'가 초기의 학습에는 중요하다는 얘기지요. 그렇게 해서 여러 번의 작은 학습의 성공을 경험하게 되면 그 습관이 쌓여서 비로소 자기주도 학습이 가능해지는 겁니다.

이렇게 미래의 어떤 성공적인 결과를 위해서는 현재와 미래 사이의 간극을 메워줄 징검다리가 필요한데 긍정적 성취 경험은 훌륭한 징검다리 역할을 할 것입니다.

지금까지 영어 낭독을 꾸준히 실천할 수 있는 7가지 열쇠에 대해 얘기를 해 보았습니다. 한참 동안 영어 공부에 손을 놓고 있다가 영어 때문에 창피 당하는 일을 겪고, 그 후 큰 결심과 함께 비싼 학원을 끊었지만 2주 뒤부터는 이 핑계 저 핑계 대면서 안 나가는 일의 반복은 이제 그만두십시오. 과욕을 부리지 말고 하루 10분, 20분이라도 좋으니 가랑비에 옷이 젖듯 생활 속에 영어가 섞여 있도록 위의 7가지 무지개 액션키들을 잘 조합하여 자신만의 성공 열쇠를 만들어 보세요. 프로그램의 도움을 받든지, 스스로 학습하는 방법을 선택하든지 그것은 자신의 '선택'에 달려 있습니다. 자신에게 맞는 방법을 선택하는 것이 가장 중요하니까요.

꾸준한 낭독 훈련의 실천은 성실한 내 삶의 증거

영어를 수십 년 가르치신 분이 "수업이란 것이 학생들의 '앎(지식 습득)'에 실질적으로 영향을 미치는 정도가 얼마나 된다고 생각하는가?"라는 질문을 하셔서 곰곰이 생각해 보았습니다. 잘 가르치는 선생님 때문에 성적이 올랐다는 말을 많이 들어서 80~90%는 되지 않을까 하고 생각하기 쉽지만, 실제적으로 선생님이 기여할 수 있는 양은 20% 정도밖에 되지 않는다고 합니다. 그러니까 실력 향상에 대한 나머지 80%는 바로 학생의 몫이라는 얘기입니다.

오랫동안 지방에서 수학을 가르쳐온 친구도 같은 말을 합니다. 그 지역에서 자신이 과학고에 학생들을 여러 명 보내 잘 가르치는 선생으로 소문이 자자하다고 합니다. 하지만 매년 학생들을 지켜보면 자신이 잘 가르쳐서 학생들이 좋은 결과를 낸 것이 맞는지 아니면 원래 좋은 학생을 자기가 우연히 가르쳐서 그렇게 됐는지 잘 모르겠다는 겁니다. 솔직히 말하면 전자보다는 후자가 더 맞는 얘기 같다고요.

아마도 성과가 좋은 선생님은 충실한 조력자로서 학생들이 공부를 잘할 수 있도록 격려하고 사후관리를 잘해서 그럴 겁니다. 공부는 학생 스스로 해낼 수밖에 없는 것이니까요. 결국 시험장에 들어가 시험을 보는 것도 학생 자신이 아니던가요? 이 20대 80의 비율이 거의 모든 곳에 다 적용이 되는 것 같습니다. 같은 회화 수업을 듣고도 어떤 사람은 실력이 많이 늘고, 어떤 사람은 매번 기초반만 맴돌고요. 어학연수를 같이 다녀와도 어떤 사람은 돈이 아깝지 않을 정도로 성과를 거두고, 어떤 사람들은 이력서에 한 줄 넣기 창피할 정도로 효과 없이 시간과 돈만 낭비한 채 돌아옵니다.

위대한 장군들은 전투가 시작되기도 전에 이미 이기고 시작한다는 말이 있듯이 자기 몫을 다하고 수업을 듣는 학생은 100%를 가져가는 반면, 자기 몫에 충실하지 못한 학생은 선생님이 주는 20%만 겨우 건져가는 셈이 됩니다. 혹시 지금까지 영어에 투자를 그렇게 했는데 항상 제자리라고 생각이 드시는 분은 비법을 찾고 족집게 강사의 수업을 찾기 전에 자신이 해야 할 80%의 몫을 다했는지 스스로 고민해봐야 할 것입니다.

어느 교수가 사업에 크게 성공을 한 친구와 만나 얘기를 나누게 됐는데, 경영학이 전공이라 그 친구에게 이런 질문을 했습니다.

"자네가 사업으로 크게 성공을 했는데, 비즈니스에서 성공하기 위해 가장 핵심적인 요소 꼭 하나만 들라고 하면 뭐라고 하겠나?"

한동안 곰곰이 생각하던 그 친구는 한 단어로 답했지요.

"신뢰trust."

그래서 다시 질문을 했고, 역시 한 단어로 답이 돌아왔습니다.

"그래, 그럼 그 신뢰란 걸 쌓기 위해서는 뭐가 필요한가?"

"시간time."

정리를 해 보면 성공을 하기 위해선 신뢰가 가장 중요한데 그 신뢰를 쌓기 위해선 시간이 필요하다는 것입니다. 물론 이 신뢰의 증거를 제시하는 쪽은 자기 자신입니다.

'성실'이 뭐라고 생각하세요?

여러 대답이 나오겠지요. 내가 살아 온 날 중에 '메마른 시간들을 견뎌낸 증거'라는 답은 어떤가요? 그런 시간의 증거, 즉 위의 질문처럼 여러분의 성실성을 증명할 구체적인 경험이나 사례를 제시해 보라고 할 때 자기관리를 철저히 하며 영어 낭독 훈련을 꾸준히 실천해 본 경험을 들면 어떨까요?

그런 의미에서 영어 낭독 훈련을 그냥 단순한 영어 학습이라고 생각지 말고 삶과 연관시켜 배운 것을 익히는 자기 수양의 과정이며 완성이라는 철학을 가져 보세요. 영어 낭독 훈련은 자기 삶의 성실에 대한 증거이며 자기 몫의 공부를 하는 첫 걸음입니다.

Well begun, half done.

흔히 '시작이 반이다'라고 번역을 하는데요, 이건 반만 맞는 해석일 겁니다. 'well'이라는 단어를 주목해야 합니다. 그래서 제대로 번역을 해 보면 '잘된 시작이 반이다'라고 할 수 있겠어요.

사람들이 시도조차 하지 않는 경우가 많아서 '일단 시작부터 하고 보라'고 얘기를 많이 하지만 여기까지 온 여러분은 최소한 시도의 단계는 넘은 거예요. 이제 중요한 것은 "잘" 시작 하는 것입니다. 비록 지금 못해도 장래성 있게 못하라는 말이 바로 이 말입니다.

　직장인이든 학생이든 사람들이 보통 하루를 살아가는 데 자신에게 주어지는 자유 시간이 대개 3시간 정도라고 합니다. 먹고, 자고, 씻고, 학교에서 수업을 듣거나 일터에서 일을 모두 마치고 돌아와서 자신과 마주하는 이 하루 3시간의 품질, 이 결정적인 하루 3시간을 어떻게 보내느냐에 따라서 향후 인생이 달라질 거예요. 처음부터 방향을 제대로 잡고 하루 3시간을 꾸준히 생산적으로 보낸다면 성공은 머지않아 올 거고요.

　꾸준한 영어 낭독 훈련으로 긍정적 성취 경험을 느껴 보세요.

영어 낭독
실천하기

Part 3

영어 낭독 훈련을 시작하려면 구체적으로 어떻게 해야 할까요? 영어 낭독 훈련을 하는 방법을 샘플 원고로 정리해 보았습니다. 끊어 읽기, 발음 등에 주의하면서 자연스러운 영어 리듬 감각을 익혀 보세요.

Chapter 1

영어 낭독 실천하기

낭독 연습용 텍스트는 수준별로 제공됩니다. 수준에 적합한 텍스트를 골라 낭독 훈련을 직접 실천하면 되는데요, 스피킹 실력을 잘 모른다면 초급부터 고급까지 차례대로 해 보는 것도 좋겠습니다. 예상 소요 시간은 수준별로 약 30분에서 1시간 정도입니다. 이 샘플에 익숙해지면 별책으로 구성된 낭독 연습용 텍스트로 영어 낭독 훈련을 계속하면 됩니다.

수준		제목
Basic (초급)	텍스트	유명 영어 동화 'Arthur's Adventure' 시리즈 중 'Arthur's Birthday'를 읽고 미국 초등학교 1학년 학생이 쓴 독서 감상문
	대상	영어 동화를 읽기 시작한 유치원, 초등 저학년 또는 영어 공부를 새로 시작하려는 성인
Intermediate (중급)	텍스트	'라스베이거스 비전체험 여행(Las Vegas Vision Tour)'이라는 프레젠테이션용 스크립트의 일부
	대상	영어 지문 이해에 익숙해져가고 있는 초등 고학년 또는 중고등학생 이상
Advanced (고급)	텍스트	영어 성경의 잠언 중 1장(Proverbs Chapter 1 - New Living Translation Version)의 일부
	대상	영어 지문 이해에 큰 어려움은 없으나 스피킹 기본기 쌓기가 필요한 중고생, 대학생 또는 성인

- 준비물: 본 교재 및 필기구, MP3 파일을 재생할 수 있는 기기, 녹음기
- 사람in 홈페이지(www.saramin.com)와 네이버 카페 〈영어 낭독 학교(cafe.naver.com/read2speak)〉에서 MP3 파일을 다운로드 받을 수 있습니다. MP3 ↓ 1-01 은 오디오 파일이 있음을 의미하며, 숫자는 다운로드 받으실 파일의 번호입니다.

- Basic Level (초급) -

:: 오리지널 텍스트

A Book Review of 'Arthur's Birthday'

− 미국의 한 초등 1학년 학생이 쓴 북리뷰 −

This book is about Arthur's birthday party. Arthur invited all his friends to his party on Saturday, but there was a problem. One of his friends, Muffy had a birthday party on the *same* day. Which party will the children choose to go to, Arthur's or Muffy's? If you want to find out whose party they will go to, read this book. My favorite part of the book is when he invited all his friends and played a trick on Muffy, because she was surprised that there was a special present for her. I like this book very much. Why? Because it makes me feel happy! I think you should read this book, because it teaches us how to be a good friend.

::**단어·표현 정리** book review 독서 감상문 / birthday party 생일파티 / invite 초대하다 / problem 문제 / same 같은 / choose 선택하다 / find out 발견하다, 알아내다 / whose 누구의 / favorite 가장 좋아하는 / play a trick on ~ ~에게 속임수를 쓰다 / trick 속임수, 장난 / surprised 놀란 / special 특별한/ present 선물 / teach 가르치다

::**지문 해석** '아서(Arthur)의 생일파티'에 대한 독서 감상문

이 책은 아서의 생일 파티에 관한 얘기입니다. 아서는 그의 친구 모두를 토요일 자신의 파티에 초대했지만 문제가 하나 있었습니다. 아서 친구 중 한 명인 머피(Muffy)가 같은 날 생일 파티를 또 여는 것이었습니다. 아이들이 어느 쪽 파티를 선택할까요? 아서의 파티일까요? 아니면 머피의 파티일까요? 그들이 누구의 파티에 가게 될지 알고 싶다면 이 책을 읽어 보세요. 책에서 제가 가장 좋아하는 부분은 아서가 친구들을 모두 초대해 놓고 머피를 감쪽같이 속일 때입니다. 왜냐하면 머피가 자기를 위한 특별한 선물 때문에 깜짝 놀라기 때문이지요. 저는 이 책을 무척 좋아합니다. 왜냐고요? 이 책은 제가 행복을 느끼게 만들어 주기 때문입니다. 여러분도 이 책을 읽어 보세요. 왜냐하면 이 책은 어떻게 하면 좋은 친구가 될 수 있는지 우리에게 가르쳐 주기 때문입니다.

낭독 코치의 족집게 조언

1. This book / is about Arthur's birthday party.

발음 Arthur [ɑ́:rθər]와 birthday [bə́:rθdèi] 둘 다 'r' 뒤에 바로 'th' 발음이 와서 쉽지 않은 발음입니다. 's의 발음도 빠뜨리지 않아야합니다.

2. Arthur invited all his friends / to his party on Saturday, / but there was a problem.

끊어 읽기 콤마(,)가 문장 안에 있으면 그 뒤에서 잠시 끊어 읽습니다. 이 문장은 접속사 but으로 이어진 문장입니다. 두 개의 큰 의미 덩어리로 나누어지므로 콤마(,)와 but 사이에서 끊어 읽고 또 앞 쪽의 의미 덩어리(절)에서도 '어디로 언제' 초대했다는 시간과 장소를 나타내는 덩어리 앞에서 끊어 읽습니다.

3. One of his friends, / Muffy had a birthday party on the *same* day.

강세 영어책에서 눕혀 쓰여진 이탤릭체는 그 단어를 강조한다는 의미입니다. 이 문장에서 'same'은 생일이 '같은' 날이라는 걸 강조하려는 것입니다. 강세를 줘서 읽어야 합니다.

4. Which party will the children choose to go to, / Arthur's (↗) / or Muffy's (↘)?

억양 의문문인데 어느 쪽인지 선택하는 의미의 선택의문문입니다. Yes/No를 묻는 의미가 아니므로 억양은 Arthur's에서 올라갔다가 Muffy's에서 내려와야 합니다.

5. **If** you want to **find** out / whose party they will go to, / **read** this book.

발음 if와 find의 'f' 발음과 read의 'r' 발음은 우리 한국인들이 쉽게 익숙해지기 어려운 발음입니다. 주의해서 연습할 필요가 있습니다.

6. My favorite part of the book / is when he invited all his friends / and play a trick on Muffy, / because she was surprised / that ~.

끊어 읽기 긴 주어 덩어리와 동사 사이에서 끊어 읽습니다. 'because' 앞뒤로 크게 두 개의 의미 덩어리로 나뉘므로 because 앞에서 끊어 읽습니다. 큰 덩어리들 안에 다시 작은 의미 덩어리들이 또 들어 있는데 그 덩어리들을 각각 끊어 읽습니다.

7. My fa<u>v</u>orite part of the book is when he in<u>v</u>ited all his friends and play a <u>tr</u>ick on Muffy, because she was surprised that ~.

발음 favorite과 invited에서 'v' 발음 역시 한국인들이 어려워하는 발음입니다. 또 trick 의 발음에서 '트릭' 보다는 '츠릭'에 가깝도록 'tr' 부분을 발음해야 합니다.

8. I like this book very much. (↘) Why? (↗) Because it makes me feel happy!

억양 · 강세 Why?는 'Why do I like it very much?'라는 의문문을 줄인 것입니다. 끝 억양을 올려서 발음해야 합니다. 끝 문장에서는 마지막 단어 happy가 가장 중요한 의미의 단어이므로 happy를 강하게 읽도록 합니다.

:: 낭독용 텍스트

A Book Review of 'Arthur's Birthday'
This book / is about Arthur's birthday party.
Arthur invited all his friends / to his party on Saturday, /
but there was a problem.
One of his friends, / Muffy had a birthday party on the *same* day.
Which party will the children choose to go to, / Arthur's / or Muffy's?
If you want to find out / whose party they will go to, /
read this book.
My favorite part of the book / is when he invited all his friends /
and played a trick on Muffy, /
because she was surprised / that there was a special present for her.
I like this book very much. Why?
Because it makes me feel happy.
I think you should read this book, /
because it teaches us / how to be a good friend.

※ 왼쪽 페이지 텍스트로 아래 순서대로 영어 낭독 훈련을 해 보십시오.

∷ 섀도우 스피킹(Shadow Speaking) 시 주의 사항: 원어민이 말하는 오디오 소리를 들으며 0.3초 정도 뒤에서 마치 그림자(shadow)처럼 그 소리를 쫓아 큰 소리로 따라 말하는 스피킹 기본기 훈련 방식. 원어민 소리가 충분히 크게 들려야 하므로 헤드셋을 쓰고 하는 것이 좋음. 하지만 반드시 따라 말하는 자기 목소리를 동시에 들을 수 있어야 하기 때문에 헤드셋의 한쪽만 쓰고 다른 쪽 귀는 열어놓아야 함.

1. 끊어 읽기 표시에 주목하며 오디오 듣기(3회)
- 아래 네모 번호 칸들에 ☑(체크) 표시를 하면서 훈련을 진행하십시오.

☐ 1회   ☐ 2회   ☐ 3회

2. 왼쪽 텍스트를 보며 큰 소리로 오디오 따라 낭독하기
- 체크 표시를 하면서 5회 이상 '섀도우 스피킹'을 하십시오.

☐ 1회   ☐ 2회   ☐ 3회   ☐ 4회   ☐ 5회

3. 텍스트 없이 오디오만 들으며 큰 소리로 따라 낭독하기(2회 이상)
- 체크 표시를 하면서 2회 이상 '섀도우 스피킹'을 하십시오.

☐ 1회   ☐ 2회

4. 낭독 훈련 후 녹음해 보기
- 녹음한 것을 다시 들어 보면서 스스로 만족할 만한 수준인지 확인해 봅니다. 오류가 있거나 부족한 부분이 있으면 그 부분을 집중적으로 연습해 보고 다시 녹음을 하십시오.

- Intermediate Level (중급) -

:: 오리지널 텍스트

A Heart Beating with Excitement

What do you first think of when you imagine Las Vegas? Is it gambling or lots of casinos? Those were my first thoughts! My first visit several years ago changed my impression of Las Vegas. A friend met me at McCarran International Airport in Las Vegas. He drove me to a peaceful residential area. I thought we would go downtown where there are lots of big hotels. I was really sad! I wondered, "Is this the real Las Vegas?" Later, we went to downtown Las Vegas. I was so surprised and said, "Now this is the real Las Vegas!" An interesting thought came to mind. How could the two different worlds exist together? As I continued to see all the amazing buildings and lights, my heart began to beat really fast with excitement!

Talking to Your Heart

The Grand Canyon is one of the Seven Wonders of the World. It is located a little ways from Las Vegas. In the Grand Canyon, you can feel the mystery of nature. While in Las Vegas, you can be in two different worlds: the modern and the natural. I *love* it! There is no place in the world like Las Vegas! Because we have very busy lives, we often forget about the existence of nature and God. How sad! The Grand Canyon helps us think about both! It makes us ask questions like "What is my purpose on earth?"

:: 단어·표현 정리 imagine 상상하다 / impression 인상 / residential area 주거지역 excitement 흥분 / wonders 경이 / mystery 미스터리, 신비 / the modern 현대적인 것, 인공적인 것 / existence 존재 / purpose 목적

:: 지문 해석

흥분으로 두근거리는 가슴

여러분은 라스베이거스를 상상할 때 무엇을 먼저 떠올리세요? 도박 혹은 수많은 카지노들인가요? 제 생각도 그랬습니다. 하지만 그런 라스베이거스에 대한 제 인상은 몇 년 전 처음으로 라스베이거스를 방문하면서 바뀌게 되었습니다. 라스베이거스의 맥커런 공항에 한 친구가 마중을 나와 주었고, 그는 저를 평화로운 주택가로 데려다 주었습니다. 저는 우리가 다운타운으로 갈 거라고 생각을 했었죠. 수많은 대형 호텔이 있는 곳으로 말입니다. 그래서 저는 슬퍼했답니다. "아니 이게 진짜 라스베이거스 맞아?" 하면서 의아해했죠. 나중에 우리는 라스베이거스의 다운타운으로 향했습니다. 저는 무척 놀랐고, "그렇지, 이게 바로 진짜 라스베이거스지"라고 말했습니다. 그러다 문득 흥미로운 생각이 떠올랐습니다. "어떻게 이렇게 다른 세계가 동시에 공존할 수 있을까?" 경이로운 빌딩과 조명들을 계속 감상하면서 제 마음은 흥분으로 마구 두근거리기 시작했습니다.

마음을 향한 대화

그랜드 캐니언은 세계 7대 불가사의 중 하나입니다. 라스베이거스와 가까운 거리에 위치해 있지요. 그랜드 캐니언에서 여러분은 자연의 신비를 느낄 수 있을 것입니다. 라스베이거스를 방문하는 동안 여러분은 첨단과 대자연이라는 두 개의 다른 세계를 경험하게 됩니다. 정말 멋지죠. 세상에서 라스베이거스 같은 곳은 또 없답니다. 우리는 너무나 바쁜 삶을 살아가기 때문에 자연과 절대자에 관하여 종종 잊어버리고 맙니다. 슬픈 일이지요. 그런데 그랜드 캐니언은 그 둘을 떠올릴 수 있도록 도움을 줍니다. 우리들에게 이런 질문을 던지도록 만들면서요. "내가 이 세상에 존재하는 목적은 뭘까?"

낭독 코치의 족집게 조언

1. What do you first think of / when you imagine Las Vegas?

끊어 읽기 이 문장은 시간을 나타내는 접속사 'when'을 사이에 두고 두 개의 큰 의미 덩어리로 나누어집니다. 따라서 부사절을 이끄는 'when' 앞에서 끊어 읽어야 합니다.

2. Is it gambling (↗) / or lots of casinos (↗)?

억양 나열되는 단어 앞에서 끊어 읽고 or로 연결되는 선택의문문의 억양에 주의해야 합니다. 둘 중에 하나를 선택하는 경우가 아닌, 다른 답도 가능할 수 있는 open-choice의 경우이기 때문에 양 쪽을 모두 올려서 읽어야 맞습니다.

3. He drove me / to a peaceful residential area.

발음 'drive'의 과거동사 'drove'의 발음 [drouv]에 주의합니다. '드로-'가 아니라 한국 발음의 '즈로-'에 가까운 소리로 발음됩니다. peaceful의 'f' 발음과 residential의 'r' 발음은 한국인들이 어려워하는 대표적인 발음입니다. 충분한 연습이 꼭 필요합니다.

4. I was really sad!

발음 sad[sæd]의 발음을 [sed]로 하는 경우가 의외로 많습니다. apple[æpl]을 발음할 때처럼 입 양쪽 가장자리를 넓게 벌리면서 발음해야 합니다.

5. As I continued to see all the amazing buildings and lights, / my heart began to beat really fast / with excitement!

발음 lights, fast, 그리고 really 에서 'l,' 'f,' 'r'의 발음에 주의합니다. 이 발음들은 우리 한국인들이 가장 실수를 많이 범하는 발음들에 속합니다. 특히 light를 right로, fast를 past로 발음하지 않도록 충분히 연습하십시오.

6. While in Las Vegas, / you can be in two different worlds: / the modern and the natural.

끊어 읽기 문장 앞의 때를 나타내는 의미 덩어리 앞에서 끊어 읽고, 주절 끝 부분에 있는 콜론(:) 뒤에서 또 한 번 끊어 읽어야 합니다. 일반적으로 콤마나 콜론, 세미콜론(;) 등의 구두점이 올 때 그 구두점 바로 뒤에서 짧게 한 번 끊어 읽습니다.

7. I *love* it!

리듬·억양 세 단어 밖에 안 되는 문장이지만 억양에 주의해야 합니다. 영어책에서 이탤릭체는 그 단어를 강조한다는 의미입니다. 이 문장에서 'love'라는 단어가 이탤릭체로 되어 있으므로 이 동사 love를 가장 강하게 발음해야 합니다. 'I'에서 시작해서 억양이 'love'에서 가장 올라갔다가 다시 'it'에서 내려와야 합니다.

8. It makes us ask questions like / 'What is my purpose on earth?'

억양 인용절 앞에서 한 번 끊어 읽고, 의문사가 있는 의문문은 2-3-1의 억양으로 평서문처럼 상승하강조로 끝을 내려 낭독합니다.

::낭독용 텍스트

A Heart Beating with Excitement

What do you first think of / when you imagine Las Vegas?

Is it gambling / or lots of casinos?

Those were my first thoughts!

My first visit several years ago / changed my impression / of Las Vegas.

A friend met me / at McCarran International Airport / in Las Vegas.

He drove me / to a peaceful residential area.

I thought / we would go downtown / where there are lots of big hotels.

I was really sad!

I wondered, / "Is this the real Las Vegas?"

Later, / we went to downtown Las Vegas.

I was so surprised and said, / "Now this is the real Las Vegas!"

An interesting thought / came to mind.

How could the two different worlds / exist together?

As I continued to see / all the amazing buildings and lights, /

my heart began to beat really fast / with excitement!

Talking to Your Heart

The Grand Canyon / is one of the Seven Wonders of the World.

It is located a little ways / from Las Vegas.

In the Grand Canyon, / you can feel the mystery of nature.

While in Las Vegas, / you can be in two different worlds: /

the modern and the natural.

I love it!

There is no place in the world / like Las Vegas!

Because we have very busy lives, /

we often forget / about the existence of nature / and God.

How sad!

The Grand Canyon / helps us think about both!

It makes us ask questions like / "What is my purpose on earth?"

※ 왼쪽 페이지 텍스트로 아래 순서대로 영어 낭독 훈련을 해 보십시오.

∷ 섀도우 스피킹(Shadow Speaking) 시 주의 사항: 원어민이 말하는 오디오 소리를 들으며 0.3초 정도 뒤에서 마치 그림자(shadow)처럼 그 소리를 쫓아 큰 소리로 따라 말하는 스피킹 기본기 훈련 방식. 원어민 소리가 충분히 크게 들려야 하므로 헤드셋을 쓰고 하는 것이 좋음. 하지만 반드시 따라 말하는 자기 목소리를 동시에 들을 수 있어야 하기 때문에 헤드셋의 한쪽만 쓰고 다른 쪽 귀는 열어놓아야 함.

1. 끊어 읽기 표시에 주목하며 오디오 듣기(3회)
- 아래 네모 번호 칸들에 ☑(체크) 표시를 하면서 훈련을 진행하십시오.

☐ 1회   ☐ 2회   ☐ 3회

2. 왼쪽 텍스트를 보며 큰 소리로 오디오 따라 낭독하기
- 체크 표시를 하면서 5회 이상 '섀도우 스피킹'을 하십시오.

☐ 1회   ☐ 2회   ☐ 3회   ☐ 4회   ☐ 5회

3. 텍스트 없이 오디오만 들으며 큰 소리로 따라 낭독하기(2회 이상)
- 체크 표시를 하면서 2회 이상 '섀도우 스피킹'을 하십시오.

☐ 1회   ☐ 2회

4. 낭독 훈련 후 녹음해 보기
- 녹음한 것을 다시 들어 보면서 스스로 만족할 만한 수준인지 확인해 봅니다. 오류가 있거나 부족한 부분이 있으면 그 부분을 집중적으로 연습해 보고 다시 녹음을 하십시오.

- Advanced Level (고급) -

::오리지널 텍스트

Proverbs Chapter 1 (New Living Translation)

The Purpose of Proverbs

These are the proverbs of Solomon, David's son, king of Israel. The purpose of these proverbs is to teach people wisdom and discipline, and to help them understand wise sayings. Through these proverbs, people will receive instruction in discipline, good conduct, and doing what is right, just, and fair. These proverbs will make the simple-minded clever. They will give knowledge and purpose to young people. Let those who are wise listen to these proverbs and become even wiser. And let those who understand receive guidance by exploring the depth of meaning in these proverbs, parables, wise sayings, and riddles. Fear of the LORD is the beginning of knowledge. Only fools despise wisdom and discipline.

A Father's Exhortation: Acquire Wisdom

Listen, my child, to what your father teaches you. Don't neglect your mother's teaching. What you learn from them will crown you with grace and clothe you with honor. My child, if sinners entice you, turn your back on them! They may say, "Come and join us. Let's hide and kill someone! Let's ambush the innocent! Let's swallow them alive as the grave swallows its victims. Though they are in the prime of life, they will go down into the pit of death. And the loot we'll get! We'll fill our houses with all kinds of things! Come on, throw in your lot with us; we'll split our loot with you." Don't go along with them, my child! Stay far away from their paths. They rush to commit crimes. They hurry to commit murder. When a bird sees a trap being set, it stays away. But not these people! They set an ambush for themselves; they booby-trap their own lives! Such is the fate of all who are greedy for gain. It ends up robbing them of life.

:: 단어 · 표현 정리 purpose 목적 / discipline 훈계, 훈육 / instruction 명령, 교훈 / conduct 행실 / fair 공평한 / simple-minded 어리석은 / parable 우화, 비유 / despise 경멸하다 / exhortation 훈계, 권고 / acquire 획득하다 / neglect 무시하다 / crown 왕관을 씌워주다 / clothe 입히다, 덮다 / entice 꾀다, 유인하다 / ambush 매복 기습하다 / innocent 죄 없는, 결백한 / swallow 삼키다 / victim 희생자 / prime of life 전성기, 황금기 / pit 구덩이 / loot 전리품, 약탈품 / lot 제비뽑기, 몫, 운명 / split 나누다 / commit 범하다 / crime 범죄 / murder 살인 / trap 덫 / booby-trap 함정에 빠뜨리다 / fate 운명 / greedy 탐욕적인 / gain 획득 / end up ~로 끝나다 / rob 빼앗다

:: 지문 해석

잠언의 목적

이것은 다윗의 아들 이스라엘 왕 솔로몬의 잠언이라. 이는 지혜와 훈계를 알게 하며 명철의 말씀을 깨닫게 하며 지혜롭게, 의롭게, 공평하게, 정직하게 행할 일에 대하여 훈계를 받게 하며 어리석은 자를 슬기롭게 하며, 젊은 자에게 지식과 근신함을 주기 위한 것이니. 지혜 있는 자는 듣고 학식이 더할 것이요, 명철한 자는 지략을 얻을 것이라. 잠언과 비유와 지혜 있는 자의 말과 그 오묘한 말을 깨달으리라. 여호와를 경외하는 것이 지식의 근본이거늘 미련한 자만이 지혜와 훈계를 멸시하느니라.

젊은이에게 주는 교훈

내 아들딸들아, 네 아비의 훈계를 들으며 네 어미의 법을 떠나지 말라. 이는 네 머리의 아름다운 관이요, 네 목의 금 사슬이니라. 내 아들딸들아, 악한 자가 너를 꾈지라도 따르지 말라. 그들이 네게 말하기를, "우리와 함께 가자. 가만히 숨어 엎드렸다가 사람을 해치자. 죄 없는 자를 숨어 기다리다가 무덤이 그 희생자를 삼키듯 그들을 산 채로 삼키자. 그들이 전성기에 있다 해도 어둠의 구렁텅이로 떨어질 것이다. 그리고 우리가 얻을 전리품들을 생각해 보라! 온갖 보화로 우리 집을 채우니. 우리와 한 통속이 되자. 우리는 훔친 것들을 너와 나눌 것이다" 내 아들딸들아, 그들과 함께 가지 말지어다. 네 발을 금하여 그들의 길을 밟지 말라. 대저 그들의 발은 악으로 달려가며 피를 흘리는 데 빠름일 뿐이니라. 한낱 새도 덫을 보면 피하거늘. 그러나 이 (어리석은) 자들은 그렇지 않도다. 그들이 매복하여 기습하는 것은 자기 자신들이며, 그들 스스로 자신의 생명을 함정에 빠뜨리니. 이익을 탐하는 모든 자의 길은 다 이러하여 자기의 생명을 잃게 하느니라.

낭독 코치의 족집게 조언

1. T<u>h</u>ese are the proverbs of Solomon, David's son, king of Israel.

발음 <u>th</u>ese[ðiːz]에서 [ð]을 'd'로 발음하는 경우가 대부분인데, th[ð] 발음은 혀끝을 위아래 이 사이로 재빠르게 살짝 내밀어야 하며 목도 떨려야 합니다. 충분한 연습이 꼭 필요합니다. 예를 들어, 'Dad'와 'that' 두 단어의 발음을 비교해 보면서 정확히 구별하여 발음할 수 있어야 합니다.

2. The <u>purpose</u> of these proverbs / is to teach people wisdom and discipline, / and to help them understand wise sayings.

강세·발음 purpose란 단어를 잘못 발음하는 경우가 많습니다. 발음은 [pə́ːrpəs]로 앞 쪽에 강세가 와야 하며 '펄프스'에 가깝게 발음이 됩니다. 또한 pro<u>v</u>erbs에 'v' 발음과 'b' 발음이 함께 들어 있는데 이 두 발음도 충분히 연습하도록 합니다.

3. Through these proverbs, / people will receive instruction in discipline, / good conduct, / and doing what is right, / just, / and fair.

끊어 읽기 구두점은 단어가 나열된 글 속에서 의미를 분명하게 해주기 위한 도구입니다. 콤마(,)는 문장 내의 짧은 멈춤으로, 끊어 읽어야 의미가 명확하게 전달됩니다.

4. And Let those who understand / receive guidance / by exploring the depth of meaning in these proverbs, / parables, / wise sayings, / and riddles.

끊어 읽기 'let+목적어+동사원형'의 구문에서 목적어가 덩어리로 길어졌기 때문에

receive 앞에서 끊어 읽습니다. 또 콤마 바로 뒤에서 짧게 끊어 읽어야 합니다.

5. Fear of the LORD / is the beginning of knowledge.

발음 fear 의 'f' 발음에 주의하고, 단어 lord의 발음에 주의합니다. 'l'과 'r' 발음이 한꺼번에 들어 있어 'load'나 'road'로 발음하기 쉽기 때문에 연습이 필요합니다. 그리고 문장 제일 뒤에 오는 단어 knowledge의 [dʒ] 발음도 '지'가 아니라 '쥐'에 가까우며 끝에 한국어 발음의 유성음 '이'를 갖다 붙이지 않도록 주의합니다.

6. Listen, my child, / to what your father teaches you.

끊어 읽기 부르는 사람 또는 내용을 전달 받는 사람이 문장 중간에 있을 때 양쪽에 콤마(,)를 붙여 줍니다. listen to ~ 구문은 보통 끊어 읽지 않지만 이 문장에서 호칭 어구가 와서 to 앞에서 끊어 읽어줌으로써 의미를 명확히 전달할 수 있습니다.

7. Let's swallow them alive / as the grave swallows its victims.

발음 swallow의 끝 부분을 제대로 발음해 주고, alive를 'arrive'나 '얼리브'로 발음하지 않도록 주의합니다. 또한 grave와 victims에서 'v' 발음에 주의하십시오.

8. But not these people!

강세·억양 '이 자들은 아니다!'라고 강조하는 의도에서 but, not, these 세 단어를 하나씩 끊어서 강세를 주어 강하게 발음하는 것이 좋습니다.

:: 낭독용 텍스트

Proverbs Chapter 1 (New Living Translation)
The Purpose of Proverbs
These are the proverbs of Solomon, / David's son, / king of Israel.
The purpose of these proverbs / is to teach people wisdom and discipline,
/ and to help them understand / wise sayings.
Through these proverbs, / people will receive instruction in discipline,
/ good conduct, / and doing what is right, / just, / and fair.
These proverbs / will make the simple-minded / clever.
They will give knowledge and purpose to young people.
Let those who are wise / listen to these proverbs
/ and become even wiser.
And let those who understand / receive guidance by exploring the depth of meaning
in these proverbs, / parables, / wise sayings, / and riddles.
Fear of the LORD / is the beginning of knowledge.
Only fools despise wisdom and discipline.

A Father's Exhortation: Acquire Wisdom
Listen, my child, / to what your father teaches you.
Don't neglect your mother's teaching.
What you learn from them / will crown you with grace / and clothe you with honor.
My child, / if sinners entice you, / turn your back on them!
They may say, / "Come and join us. Let's hide and kill someone!
Let's ambush the innocent!
Let's swallow them alive / as the grave swallows its victims.
Though they are in the prime of life, /
they will go down into the pit of death.
And the loot we'll get!

We'll fill our houses with all kinds of things!
Come on, / throw in your lot with us; /
we'll split our loot with you."
Don't go along with them, my child!
Stay far away from their paths.
They rush to commit crimes.
They hurry to commit murder.
When a bird sees a trap being set, / it stays away.
But not these people!
They set an ambush for themselves; /
they booby-trap their own lives!
Such is the fate of all who are greedy for gain.
It ends up robbing them / of life.

※ 왼쪽 페이지 텍스트로 아래 순서대로 영어 낭독 훈련을 해 보십시오.

:: 섀도우 스피킹(Shadow Speaking) 시 주의 사항: 원어민이 말하는 오디오 소리를 들으며 0.3초 정도 뒤에서 마치 그림자(shadow)처럼 그 소리를 쫓아 큰 소리로 따라 말하는 스피킹 기본기 훈련 방식. 원어민 소리가 충분히 크게 들려야 하므로 헤드셋을 쓰고 하는 것이 좋음. 하지만 반드시 따라 말하는 자기 목소리를 동시에 들을 수 있어야 하기 때문에 헤드셋의 한쪽만 쓰고 다른 쪽 귀는 열어놓아야 함.

1. 끊어 읽기 표시에 주목하며 오디오 듣기(3회)
- 아래 네모 번호 칸들에 ☑(체크) 표시를 하면서 훈련을 진행하십시오.

☐ 1회   ☐ 2회   ☐ 3회

2. 왼쪽 텍스트를 보며 큰 소리로 오디오 따라 낭독하기
- 체크 표시를 하면서 5회 이상 '섀도우 스피킹'을 하십시오.

☐ 1회   ☐ 2회   ☐ 3회   ☐ 4회   ☐ 5회

3. 텍스트 없이 오디오만 들으며 큰 소리로 따라 낭독하기(2회 이상)
- 체크 표시를 하면서 2회 이상 '섀도우 스피킹'을 하십시오.

☐ 1회   ☐ 2회

4. 낭독 훈련 후 녹음해 보기
- 녹음한 것을 다시 들어 보면서 스스로 만족할 만한 수준인지 확인해 봅니다. 오류가 있거나 부족한 부분이 있으면 그 부분을 집중적으로 연습해 보고 다시 녹음을 하십시오.

부록

영어 낭독 '코칭 매뉴얼'

스피킹 실력이 부족한데 어떻게 영어 낭독 코치를 할지 미리부터 걱정할 필요는 없습니다. 낭독 코치는 감시자가 아니라 편안한 동료나 다정한 선배처럼 학습자와 낭독 연습을 함께 하면서 중간에 포기하지 않도록 자극하고 격려해 주면 됩니다. 일방적으로 가르치고 관리하는 teacher가 아니라 함께 연습하며 이끌어주는 coach의 모습이지요. 꿈을 혼자 꾸면 꿈에 그칠 가능성이 많지만, 여럿이 함께 꾸면 비전이 되고 현실이 됩니다.

성공적 학습 코칭을 위한 7가지 법칙

Habit 1 **20%만 말하고 80%는 들어라!**

티칭teaching과 코칭coaching은 말하는 양에서 구분됩니다. 예컨대 누군가 20% 이상을 일방적으로 떠들면 그것은 코칭이 아니라 티칭을 하고 있는 거예요. 유능한 학습 코치는 결코 20% 이상 혼자 말하지 않습니다. 학습자가 스스로 많은 말을 하도록 유도합니다. 그래야만 학습자의 자기 주도적 학습이 가능해지기 때문입니다.

Habit 2 **말재주 보다 자료로 승부하라!**

말재주가 뛰어난 사람을 훌륭한 강사로 여기기도 하지만 그런 사람들은 철저한 수업 준비보다 자신의 말재주를 더 믿기 때문에 의외로 학습자 입장에서는 얻는 것이 별로 많지 않습니다. 수업에 대비해 꼼꼼하게 자료와 문제를 준비하고 그것을 통해 학습자가 스스로 학습에 대한 흥미와 목표를 가질 수 있도록 자극하고 도와주는 사람이 진짜 좋은 선생님입니다.

Habit 3 **학습할 내용의 전체 상을 제시하라!**

좋은 선생님은 나무와 더불어 숲을 함께 보여 줍니다. 다시 말해 학습할 내용에 대한 전체 상을 생생하게 보여 주면서 학습자가 중간에 길을 잃지 않도록 해야 합니다. 그래야 학습자가 정해진 학습을 끝냈을 때 무엇을 얻을 수 있고, 또 어떻게 달라져 있을지를 상상하게 만들어 영어 낭독 훈련을 왜 해야만 하는지 동기부여가 됩니다. 학습자와의 첫 만남 때 제시해야 효과적입니다.

Habit 4 늘 학습자의 입장에서 흐름을 생각하되, 논리적 구성은 뒤흔들어라!

좋은 선생님은 자기가 아닌 학생의 입장에서 생각하고 준비합니다. 철저히 학습자의 눈높이에 맞추는 거예요. 강의를 할 때도 일방적인 자기 논리에 따르지 않고 머릿속으로 학습자의 반응을 늘 생각하면서 눈높이에 신경을 씁니다. 그리고 때때로 학습자의 예상을 뒤엎는 질문이나 강의 구성을 통해 '와우 효과'를 이끌어 냅니다. 강의의 구성이나 내용을 짐작할 수 있을 때 학습자는 쉽게 지루함을 느끼니까요.

Habit 5 Test를 motivator로 적극 활용하라!

시험 문제와 답을 가지고 있으면 누구든지 선생님의 역할을 할 수 있습니다. 그만큼 시험은 학습의 중요한 요소입니다. 또한 대부분의 학습자들은 시험 결과에 아주 민감합니다. 따라서 테스트를 잘 활용하면 학습자에게 적절히 동기부여를 할 수 있습니다. 이때 유의할 것은 아무리 사소한 쪽지 시험 같은 것이라도 테스트는 아주 엄격한 분위기에서 실시하고 공정하게 평가를 해야 한다는 점입니다. 테스트의 권위가 무너지면 오히려 역효과를 낼 가능성이 높습니다.

Habit 6 비전과 목표 제시를 통해 학습자의 가슴에 불을 질러라!

훌륭한 선생님은 학습자의 가슴에 불을 지를 수 있어야 합니다. 학습의 뚜렷한 비전과 구체적인 목표를 제시함으로써 학습자에게 잠재되어 있는 재능과 열정을 이끌어 낼 수 있어야 하지요. 일단 이렇게 학습자의 마음에 불꽃이 피어오르게만 해놓으면 그 다음은 모든 것이 수월해집니다. 그리고 상상을 뛰어넘는 결과를 보게 될 거고요.

Habit 7 절대 initiative를 놓치지 말라!

실제 학습자들이 가장 신뢰하는 선생님 타입은 일관성 있는 원칙을 가지고 학습자를 대하는 선생님입니다. 진심으로 학습자의 마음을 얻으려면 매사에 원칙을 가지고 대해야 합니다. 그러려면 학습자의 이러저러한 요구나 상황에 휘둘리지 않고 주도권을 가지고 학습을 이끌어 나가야만 합니다.

영어 낭독 훈련 모델 시스템

영어 낭독 훈련을 실제 도입할 때 Chapter 2에서 설명한 낭독 수업 모델을 따라 여러 변형이 있을 수 있겠지만 일반적으로 전체 수업 진행에 아래 5가지를 포함하는 것이 좋습니다. 다음과 같은 5단계 영어 낭독 훈련을 진행해 볼 것을 제안합니다.

〈영어 낭독 훈련 모델 시스템〉

1) **낭독 연습하기** 적절한 낭독 훈련용 교재나 자료를 선정하여 진도와 분량에 대한 계획을 합리적으로 세웁니다. 진도에 맞춰 '낭독 실천하기'편에 소개되었던 낭독 훈련 절차를 잘 응용하여 낭독 연습을 실시합니다. 기본적인 방법은, 우선 선정한 교재나 자료에 딸린 오디오를 들으며 내용을 충분히 이해합니다. 그 다음 큰 소리로 오디오를 따라 '섀도우 스피킹shadow speaking'을 합니다. 만족할 만큼 유창한 수준에 도달할 때까지 계속 반복하여 소리 내어 따라 읽습니다.

2) **낭독 녹음하기** 그날 분량의 낭독 연습을 마쳤으면 자신의 낭독을 녹음합니다. 여러 번 연습한 후 한 번의 녹음으로 끝낼 수도 있겠지만, 되도록이면 자신의 녹음을 다시 들어보면서 스스로 만족할 만한 수준인지 확인하는 것이 좋습니다. 오류가 있거나 부족한 부분이 있으면 그 부분을 집중적으로 연습하고 다시 녹음을 합니다. 녹음 파일이나 카세트테이프는 나중에 실력 향상 추세를 지속적으로 비교할 수 있도록 잘 보관하도록 합니다.

3) **낭독 평가하기** 이 평가하기는 낭독 훈련의 꽃이라고 할 수 있습니다. 평가 결과치가 없이는 유창성의 향상을 측정하고 또 관리하는 것이 어렵습니다. 아마도 이 평가하기가 없다면 대부분의 낭독 훈련은 흐지부지하게 끝날 가능성이 큽니다. 따라서 앞에서 제시한 10가지 낭독 평가 항목들을 점수로 환산한 성적표를 만들고, 그에 상응하는 코멘트를 다른 사람으로부터 받아 보는 것이 중요합니다. 이러한 성적표와 코멘트는 낭

독 훈련을 지속시켜주는 결정적인 동기부여 도구가 될 것입니다.

4) 낭독 복습하기 평가 결과, 개선이 필요한 부분이 드러나면 그 부분에 대한 복습이 꼭 필요합니다. 발음이나 억양 등에 대한 지식을 학습해야 할 경우도 있고, 보다 더 반복적이고 집중적인 훈련이 요구되는 부분도 있을 것입니다. 지식적인 측면은 스피킹 기본에 관한 책을 통해 도움을 받을 수도 있고, 유튜브 등 인터넷에도 유용한 정보와 자료가 많이 있으니 참고를 하는 것이 좋겠습니다.

5) 낭독 기록하기 낭독 녹음 파일이나 카세트테이프를 잘 보관하고, '낭독 훈련 기록 노트'를 만들어 자신의 낭독 훈련 진행 상황을 기록하는 것이 바람직합니다. 평가하기의 점수나 코멘트를 기록하고, 또한 향후 스피킹에서 유용하게 써먹을 수 있을 중요 표현도 정리하면 좋습니다. 낭독 훈련의 꼼꼼한 기록과 보관은 유창성 향상 추세에 대한 가시적인 분석 자료로 쓰일 수 있으며, 자신의 성실성에 대한 증거로 뿌듯함(긍정적 성취감)을 느끼게 해줄 것입니다.

효과적인 영어 낭독 훈련을 위한 코칭 방법

왜 낭독 코치가 필요한가?

낭독 코치가 코칭을 할 대상은 초등학생이 대부분입니다. 물론 스피킹 기본기 쌓기 측면에서 남녀노소 구별 없이 영어 스피킹 초보라면 이 영어 낭독 훈련 과정이 필요하지만 영어 낭독 훈련에도 때가 있다면 초등학생일 때 충분히 해 주는 것이 가장 이상적입니다.

영어 낭독을 잘한다는 것은 '막힘없이 유창하게 잘 읽는다'는 것입니다. 내용을 이해하며 의미 단위로 적절하게 끊어서 풍부한 감정과 함께 원어민 발음으로 잘 읽는다는 것이지요. 이렇게 잘 읽으려면 어떻게 해야 할까요? '여러 번 반복 연습한다'는 것이 핵심입니다. '영어 낭독을 잘하려면 반복 연습해야 한다'고 답은 이미 나와 있는 거예요. 문제는 어떻게 '계속하게 하느냐?'입니다. 계속하게 만들기 위해서 '코칭'이 필요한 거고요.

공부하면서 아이들이 가장 빈번하게 입에 달고 사는 말 두 가지가 있는데, 바로 '귀찮아!'와 '짜증나!'입니다. 우리 아이들의 스트레스 레벨이 얼마나 높은지 단적으로 보여주는 사례이기도 하지요. 표현을 잘 하지 않는 아이나 우울증 초기 증상을 보이는 경우는 그냥 멍하게 앉아 있습니다. 소위 '학습된 무기력' 증세가 나타나는 거예요. 상당수의 아이들이 유치원이나 초등 저학년 때는 말을 곧잘 듣다가도 학년이 올라갈수록 이런 현상을 보입니다. 이렇게 되는 가장 큰 원인은 대부분 아이를 지도하는 사람의 '코칭 실력 부족 때문'인 것 같습니다. 그리고 이 코칭 실력 부족 중 가장 큰 문제는 아이의 마음을 다룰 줄 아는 '의사소통 방법'에 대한 지식과 기술을 잘 모른다는 것입니다.

아이가 계속 영어 공부를 하고 싶게 해주는 엄마도 있지만 영어 공부에 흥미가 떨어지도록 만드는 엄마도 있습니다. 후자의 경우를 관찰해 보면 의사소통 스킬에 큰 문제점을 안고 있음을 발견하게 됩니다.

교육자는 가르치기만 하는 사람이 아니지요. 지지도 해 주고, 격려도

하면서 동시에 어떤 문제에 대해 상담도 하는 여러 가지 역할을 번갈아 할 필요가 있어요.

영어 낭독에서는 훈련을 계속할 수 있도록 도와주는 게 핵심입니다. 그걸 가장 잘 수행할 수 있는 사람은 바로 옆에서 격려와 지지를 아끼지 않고 어려운 부분을 잘 상담해 주고 해결점을 같이 모색해 주는 '코치coach'이고요. 학습자를 변화하게 만들고, 그 변화가 지속되게 해 줄 수만 있다면 그 무엇으로 불리든 상관없겠지만 이 역할에 가장 가까운 개념으로 '영어 낭독 코치'라 이름 붙였습니다.

영어 낭독 코치에게 거는 기대

1. 영어 낭독 훈련에 대한 신념

어떤 일을 하든지 자신이 하는 일에 대한 신념은 절대적으로 중요합니다. 여러 모로 생각을 해 봐도 이 일은 올바른 일이라는 믿음이 우선적으로 전제가 되어야 합니다.

요즘 영어 교육의 대세는 스피킹입니다. 영어 교육의 목적이 결국은 의사소통인데 핵심은 스피킹이라는 것은 두말하면 잔소리고요. 그런데 스피킹에 쏟아 붓는 엄청난 돈과 시간 낭비를 줄이려면 스피킹에 대한 발상의 전환이 꼭 필요합니다. 한국적 상황에서 스피킹 학습은 원어민 회화부터 시작한다는 고정관념에서 탈피하여 원어민과 실전 회화를 할 때 제대로 실력 발휘를 할 수 있게 해주는 '스피킹 기본기'를 반드시 먼저 갖춰야 한다는 것입니다. 정확하고 유창한 발음과 자연스러운 영어 리듬 감각을 기본적으로 익히지 않고서는 밑 빠진 독에 물 붓기가 계속될 수밖에 없습니다. 이것을 성취하는 '최소 비용, 최대 효과' 학습법이 바로 영어 낭독 훈련입니다.

무슨 일을 하든지 자신감이 있고 없고의 차이는 그 일의 승패를 좌우할 만큼 중요합니다. 스피킹 측면에서도 한국 영어 학습자들에게 가장 필요한 것도 바로 이 자신감이라는 것을 잊지 마세요. 자신감은 하루아침에 생기지 않지만, 작은 물방울이 모여 큰 바다를 이루듯 작은 성취 경험들이 모이면 가능합니다. 유창한 스피킹 실력을 갖추기 전 긍정적 성취 경험의 징검다리로서 영어 낭독 훈련은 훌륭한 역할을 담당할 수 있습니다. 우리 인생의 하루하루를 결정짓는 것이 습관입니다. 영어 낭독 코치는 많은 사람들의 삶에 긍정적인 영향을 주는 습관을 만들어 주고 있습니다. 충분히 자부심 가질만한 일이지요.

2. 사람에 대한 애정

손자에 대한 할머니의 헌신적 사랑을 그린 '집으로'란 영화에서 짓궂은 손자를 감동시키고, 전 국민마저 감동시켜버린 할머니의 내리사랑이 정말 가슴 찡했지요. 그런데 할머니는 코칭이란 걸 아셨을까요? '손자 코칭 실무'란 매뉴얼이 있었을까요? 사람은 기계와 달리 매뉴얼 대로 움직여 주지 않습니다. 이 차이를 극복할 수 있게 해 주는 것이 바로 '사람에 대한 애정'입니다.

거창한 얘기를 하려는 게 아닙니다. 코치가 되려면 아이가 똑같은 질문을 연속으로 세 번을 물어볼 때 화를 내지 않고 평상심으로 대할 수 있겠는지 고민해 보아야 합니다. 뭘 못하고 싶은 아이는 없습니다. 만약 두 번 같은 대답을 해 준 후 아이가 또 같은 질문을 한다면 화를 내기 보다는 자신의 대답 방식이 잘못되지 않았는지 되돌아봐야 합니다. 엄마나 가까운 사람이 낭독 코치가 되었을 때에도 무엇보다 이렇게 화를 잘 다스리는 것이 중요합니다. 또한 가르치려 드는 대신 '응원'을 하고, 충고의 말 보다는 상대방 입장을 먼저 '이해'하는 행동이 바로 사람에 대한 애정에서 비롯되는 것입니다. 영어 낭독 코치는 그 일에 대한 신념뿐만 아니라 사람을 포용할 수 있는 기본 마음가짐도 함께 갖추려는 노력이 필요합니다.

3. 학습 코칭 스킬

코칭은 학습자의 목표 달성에 필요한 실천 의지를 북돋우고 지속적인 동기 유발을 유도하는 활동입니다. 한마디로 '지속적인 과정 지원자(continuous process supporter)'라고 할 수 있습니다. 흔히 아이들은 자기에게 주어지는 일을 '재미있는 일'과 '재미없는 일'로 구분합니다. 그 일(task)이 재미있으면 계속하고 재미없으면 다른 재미있는 것을 찾아 나섭니다. 그래서 영어 낭독 코칭의 관건은 '학습자들이 재미를 느낄 수 있도록 어떻게 유혹을 하느냐'입니다.

하지만 여기서 모순이 생깁니다. 기본기(fundamentals)를 쌓는 일은 근본적으로 지루할 수 있습니다. 반복연습 때문에 아이들이 '재미없어, 나 안 해!'라고 말하기 딱 좋은 활동이 될 수 있다는 말이에요. 따라서 재미는 다른 관점에서 접근해야 합니다.

재미는 웃기고 즐거운, 그냥 특별한 이유 없이 웃음이 나오는 '정서적' 재미와 어떤 성취를 통해 얻어지는 '인지적' 재미로 나눌 수 있습니다. 학습에 관한한 이 '인지적' 재미를 키워갈 수 있느냐 없느냐가 나중에 공부를 잘하느냐 못하느냐의 직접적 원인이 됩니다. 인지적 재미는 뭔가를 알아가는 지적 쾌감, 어떤 일을 잘해 내는 뿌듯함, 하나씩 쌓아서 뭔가를 완성해 가는 즐거움 등이 포함되겠지요. 이런 인지적 재미를 느끼게 되면 힘든 과제라도 흥미를 잃지 않고 끝까지 해 내고 맙니다. 따라서 낭독 코치는 영어 낭독 활동에서 이런 인지적 재미(도전감, 성취감, 만족감)가 얻어질 수 있도록 노력해야겠지요. 또 개인마다 학습 상황이 다르므로 한 가지 모델만을 적용하기 보다는 기준과 원칙에 입각한 변용을 계속 고민해야 합니다.

영어 낭독 코칭과 관련하여 중요한 두 가지 원칙은 '자기 효능감 self-efficacy'과 '공감적 경청'입니다.

〈자기 효능감: 자율성의 원천〉

자기 효능감이란 어떤 특정한 일 task에 대한 자신감을 말합니다. 즉, 바람직한 결과를 가져오는 행동을 성공적으로 수행할 수 있다는 개인적 믿음이지요. 자기 효능감이 높은 사람들은 실제 그 일을 잘해 냅니다. 영어 스피킹에서 높은 자기 효능감이야말로 가장 중요한 개인적 자산일 것입니다. 영어 낭독 활동은 이 자기 효능감을 높이는 데 결정적 역할을 할 수 있습니다. 영어 낭독 훈련을 통해 스피킹의 기본기를 쌓는 활동은 지루할 수 있다고 했는데 코치가 학습자들에게 자기 효능감을 높여가는 재미를 느끼게 해줄 수 있다면 영어 낭독은 더 이상 지루한 반복 연습이 아니겠지요.

닉 부이치치Nick Vujicic는 팔다리가 없이 태어났지만 장애를 극복하고 유명한 동기부여 연설가로 행복한 삶을 살고 있는 사람입니다. 극심한 장애 속에서도 행복한 인생을 살아가는 데는 주변 사람들의 격려와 배려가 컸다고 해요. 그 중에서도 특히 부모님은 닉을 일반 학생들이 다니는 학교에 다니게 하는 등 그를 일반인과 똑같이 대했다고 합니다. 그의 부모님은 닉의 자기 효능감에 상처를 주지 않으면서 그가 할 수 있는 일을 성공적으로 수행할 수 있도록 지원한 훌륭한 코치였다고 볼 수 있겠지요.

'자기주도 학습'이란 아이가 학습을 자율적으로 잘해 나가도록 만들어 주자는 내용이지요. 하지만 어른들도 다이어트를 해야 하는 걸 알면서도 많이들 실패를 하잖아요? 어른도 실천하기 어려운 이 자율성을 어린 학생들에게 척척 해 내라고 요구하는 것은 어른들의 지나친 욕심입니다. 학습 코칭에 있어서 성배(聖杯)같이 여겨지는 이 '자율성'은 어떤 목적이 아니라 어떤 일의 결과로 나타나는 현상입니다. 어떤 활동을 지속적으로 하다 보니 나중에 그 모습이 자율성을 띤 것 같이 보이는 거예요. 그래서 자율성 보다 더 앞서야 할 것은 낭독 코치가 학생들이 긍정적 성취 경험, 바로 자기 효능감을 높여가는 체험을 할 수 있도록 유도해 주는 것입니다. 긍정적 성취 경험으로 인해 그 일을 계속 또 하고 싶게 만들고, 계속 하다 보니 더 잘하게 되는 일이 반복될 수 있도록 말입니다.

자기 효능감을 증진시키는 방법을 몇 가지 이야기해 볼까요?

짧고 분명한 목표를 제시해야 합니다.

학생에게 왜 낭독을 해야 하는지 그 목적을 짧고 분명하게 자주 얘기해 줘야 해요. 영어 스피킹을 유창하게 잘할 수 있는 미래와 지금 현재의 실력 차이를 메워 줄 징검다리로서 영어 낭독 훈련은 꼭 필요합니다. 이 필요성을 틈날 때마다 인식시켜주고 의지를 북돋워 주어야 합니다.

기대치 제시와 달성에 대한 확신 심어주기가 필요합니다.

영어 낭독 교재는 원어민이 녹음한 오디오가 딸려 있습니다. 그 오디오를 모델로 삼아 완벽하게 흉내 내는 것이 학생에게 기대되는 것임을 이해시켜야 합니다. 또 처음엔 힘이 좀 들지만 계속 하면 잘 낭독할 수 있다는 확신을 주고 그러면 영어 스피킹도 잘할 수 있다는 동기부여를 해 주어야 합니다.

성공 경험에 반복적으로 노출시키기도 필요합니다.

작고 쉬운 목표를 정해 그걸 성취하는 경험을 자주 제공해야 합니다. 낭독 평가 항목을 더 세분화하여 오늘은 'f' 발음 나오는 단어들을 완벽하게 연습해서 거기는 100점을 받자고 하는 등의 다양한 아이디어를 내

볼 수 있겠지요. 조금씩 도전적인 과제를 제공하여 점점 목표 수준에 도달할 수 있도록 해 줍니다. 또 비슷한 상황에서 출발하여 낭독에 능숙해진 학생의 녹음이나 시범을 보여줌으로써 성공을 간접 경험하게 하는 것도 좋습니다.

긍정적 피드백이 중요합니다.

남과 비교하지 말고 자기 자신과 비교하여 시간의 흐름에 따라 좀 더 발전한 면을 찾아 칭찬과 격려로 긍정적인 자아상을 강화시켜 줍니다. 점차 타인의 평가에 좌지우지되지 않고 스스로 더 잘 해보려고 애를 쓰는 쪽으로 유도를 해야 하지요.

〈공감적 경청: 의사소통 능력의 첫 단추〉

보통 대화라고 하면 서로 말을 주고받는 것이라고 생각합니다. 우리는 자신의 평소 대화 패턴에 대해 별로 신경을 쓰지 않습니다. 하지만 되돌아보면 반성할 점이 참 많습니다. 상대편의 말이 끝나기가 무섭게 혹은 끝나기도 전에 응수하듯 말을 뱉어낸 일이 한두 번이 아닐 겁니다.

중요한 일을 놓고 대화를 나눌 때 상대편이 말을 마치면 하나, 둘, 셋까지 센 후 말을 시작하는 실험을 해보십시오. 3초 안에 상대편이 다시 말을 시작하는 경우가 정말 많습니다. 그러니까 상대편이 아직 할 말이 끝나지 않은 상황에서 잠시 쉬었던 것인데 우리는 바로 자기 말을 막 쏟아냈던 거예요. 이런 대화 패턴 때문에 차분히 잘 풀 수 있는 문제도 조금씩 엉키기 시작할 테고요. 어떤 경우에는 백 마디 말보다 침묵이 더 큰 대답이 될 수도 있는데 뭔가에 쫓기듯 얘기를 하면서 의사소통이 안 된다고 불평하는 일이 많습니다. 물론 주도권을 잡기 위해서나 횡설수설하고 있는 상대편을 주제에서 벗어나지 않도록 적절히 개입을 해 줘야 할 때도 있습니다만, 항상 우선순위에 둬야 할 것은 잘 듣기, 바로 경청입니다.

농담 삼아 사람이 입이 하나, 귀가 두 개인 이유는 '말하기' 보다 '듣기'를 더 많이 하라고 해서 그렇다고 이야기를 합니다. 명강사는 유창한 언변으로 청중을 쥐었다 놨다 하는 거라고 생각하기 쉬운데, '가르치기' 만으로 학습이 100% 일어나기를 기대한다면 현실과 많이 동떨어진 기대입니다. 사실 가르침으로 강사가 전체 학습에 영향을 미칠 수 있는 범위는 20% 정도밖에 안 되니까요. 나머지 80%는 학습자의 몫이고요. 열정적으로 떠들면서 진도를 잘 맞추었다고 수업이 끝난 후 흡족해 하는 강사는 B급 강사입니다. A급 강사는 학습자가 나머지 80%인 스스로 배우고 익히는 과정을 어떻게 하면 더 잘 촉진시킬 수 있을지 고민을 합니다. 그 고민의 출발점이 바로 '듣기(경청)'입니다.

'잘 듣기'가 코칭 전반에 걸쳐 가장 기본적인 스킬입니다. 경청이 잘 되지 않으면 더 이상 앞으로 나갈 수가 없거든요. 그래서 경청의 기본 철학은 '감정은 받아 주고, 행동은 고쳐 준다'는 것입니다. 순서가 바뀌면 안 됩니다. 감정부터 우선 받아 주어야 해요. 어른으로서 이렇게 아이의 감정을 잘 헤아려 주는 것이 신뢰 관계를 형성하는 첫 번째 단계입니다. 비위를 맞추거나 아부를 하라는 게 아닙니다. 아이가 몸이나 말로 표현하는 감정을 잘 듣고 그 감정을 반영하는 말로 '공감'을 표시하라는 거예요. 비판이나 충고하고 싶은 말이 터져 나와도 꾹 참아야만 합니다. 그렇게 하지 못하면 초기에 아이와의 관계에서 신뢰의 다리에 불을 지르고 마는 거예요. 그렇게 되면 절대 아이의 마음 저 편으로 건너갈 수가 없습니다. 먼저 잘 듣고 아이의 상황을 이해한 다음에야 어느 정도까지 코치가 개입을 해야 할 지, 또 어떤 코칭 활동이 적합할 지 결정을 할 수 있습니다.

하지만 코칭 대화를 너무 문제 해결의 도구로만 여겨서는 자칫 사무적인 차가운 느낌을 전달할 수 있습니다. 낭독 코칭을 함에 있어서 그냥 사람을 접촉하는 즐거움, 상대편 얘기를 들으면서 상대방의 입장을 먼저 이해하려는 여유가 기본 중의 기본입니다.

효과적인 상황별 코칭 포인트

처음 코칭 대화가 막연할 때

코칭을 처음 시작하는 경우 어떻게 대화를 시작하는 것이 좋을지 막막할 수 있습니다. 학생이 낭독에 대한 이해가 부족하여 오해가 있을 수도 있고요.

〈코칭 포인트〉

너무 막연한 주제로 대화를 나누다 보면 시간도 지연될 뿐만 아니라 얘기가 겉돌 수 있습니다. 이때 코칭 대화 전 오늘의 핵심 포인트를 딱 한두 가지만 코치가 먼저 정할 수도 있고, 아니면 그날 코칭을 시작할 때 대상자에게 요청을 할 수도 있습니다.

최초 상담은 레벨 테스트 결과를 가지고 얘기를 시작하는 것이 좋고, 지정 받은 레벨의 교재 소개와 향후 진행 과정을 주제로 대화를 진행할 수 있습니다. 또한 코칭 대상자가 이 프로그램에서 얻고자 하는 바를 경청하면서 낭독 훈련이 그 목적에 잘 부합하는지에 대해서도 얘기를 나눠볼 필요가 있습니다. 이때 코칭 일지 같은 곳에 대화 내용을 잘 메모하면서 상담을 해야 여러 사람을 코칭할 때 혼동하는 실수를 막을 수 있습니다. 낭독 훈련 중에는 주로 낭독 성적표를 매개로 해서 한두 가지 두드러지는 평가 항목이나 원어민 코멘트를 기초로 대화를 나누는 것이 훨씬 생산적인 대화가 될 수 있습니다.

그렇게 코칭 주제와 핵심 포인트를 명확히 한 후 현재 상황에 대해 경청을 합니다. 코칭 대상자가 스스로 할 수 있는 부분이 어떤 것이고 코치가 지원해 줄 수 있는 부분은 어떤 것인지 등 질문을 잘하는 것이 이 단계의 핵심 스킬입니다. 끝날 무렵 코칭 대상자가 오늘 상담에 대한 리뷰나 요약을 해보도록 유도하면서 다음 연습을 위해 어떤 변화의 노력을 해볼지 정리를 하고 다짐을 받는 것이 좋습니다.

왜 금방 변화가 없느냐고 조바심을 낼 때

낭독 연습을 1, 2주 한 후에 금방 무슨 변화가 있을 거라고 생각하는 아이가 종종 있습니다. 부모님도 마찬가지고요. 이렇게 조바심을 내는 경우에는 어떻게 대처를 해야 할까요?

〈코칭 포인트〉

뭔가 새로운 걸 배우고 익히는 데 더 큰 의미를 두는 성향의 아이가 있고, 결과에 더 집착하는 아이가 있습니다. 많은 경우의 아이들이 결과를 더 중시하는 경향이 있는데 이것은 아마도 그렇게 길러졌기 때문에 그럴 가능성이 큽니다. 한국 학부모님의 성향, 사회 성향이 점수, 등수, 승패에 더 민감하다 보니 아이들도 뭔가를 진득하게 해 나가는 걸 참지 못하고 금방 조바심을 냅니다. 이렇게 결과를 더 중시하며 큰 아이는 부정적이고 소극적인 태도를 갖기 쉽습니다. 아이들은 그에 따라 학습된 반응을 하게 됩니다. 따라서 코칭을 할 때 결과 지향적이 되어서는 아이의 조바심을 잠재울 수 없습니다. 코칭 대상자가 어떤 부분을 어떻게 노력을 했는지 구체적으로 칭찬하고 그럼으로써 코치인 내 기분이 어떠하다 식으로 코칭 대화를 이끌어가는 것이 좋습니다. 매주 작은 것이라도 좋으니 성취 요소를 발견해서 아이들에게 지속적으로 성취감을 느끼게 해주는 것이 중요합니다. 그렇게 해서 점수와 성과에만 목매는 성향을 점차적으로 낭독 활동 자체의 완성도를 중시하도록 개선시켜야 합니다.

낭독 훈련에 적응을 힘들어 할 때

오프라인에서 낭독 연습을 할 때 초등 고학년으로 갈수록 혼자 소리 내어 읽는 연습 자체를 쑥스럽고 어색하게 느낄 수 있습니다. 또 녹음된 자기 목소리를 듣거나 그걸 남에게 평가를 받는 것을 좀 창피스럽게 느낄 수 있습니다. 이렇게 낭독 연습을 처음 해보는 경우 어떻게 코칭을 하면 좋을까요?

〈코칭 포인트〉

초등 저학년 이하 아이들은 아직 자의식이 강하지 않으므로 낭독 연습에 대한 거부감이 덜합니다만 나이가 많아질수록 자의식이 강해지고 거의 누구나 초기엔 독백 형태의 낭독 연습을 어색하게 느낍니다. 눈으로만 영어 공부를 해도 큰 문제가 안됐던 평가 방식 때문이었을 텐데요, 영어 낭독 훈련 초기에는 남이 볼 새라 남이 들을 새라 혼자 방에 숨어서 작은 목소리로 연습을 하는 경우도 있습니다. 이런 경우 낭독 연습 초기에는 누구나 어색하고 창피함을 느낀다고 안심을 시켜주는 것이 중요합니다. 누군가가 내 낭독 목소리를 듣고 거기에 평가까지 한다는 부정적 생각을 가질 수도 있는데, 그때는 자신의 영어 스피킹 실력을 키워 주기 위해 누군가가 이렇게 관심을 갖고 보살펴 주는 게 얼마나 좋은 일인지 긍정적 태도를 갖도록 격려해 주는 것이 좋습니다. 초기의 낮은 점수도 차츰 시간이 지날수록 향상될 것이라고 희망을 심어 주고, 또 낭독 코치가 옆에서 끝까지 응원을 해 줄 것에 대한 확신을 갖도록 해 주십시오.

낭독 훈련을 불성실하게 할 때

스피킹 기본기 쌓기가 목적인 영어 낭독 훈련은 일정 기간 동안 꾸준한 연습이 필요합니다. 마치 매일 양치질 후 잠자리에 드는 것처럼 습관화가 되어야 하는데 조금 바쁘거나 귀찮아지면 핑계를 대고 하지 않게 됩니다. 이렇게 낭독 연습을 꾸준히 하지 못하고 낭독 숙제 제출도 자꾸 빼먹을 때는 어떻게 해야 할까요?

〈코칭 포인트〉

낭독 코치의 존재 이유가 바로 이 불성실 문제 때문이라는 긍정적 마인드를 가질 필요가 있습니다. 학생들이 불성실할 것이라는 현실을 당연하게 받아들이는 편이 오히려 스트레스를 줄이는 길입니다. 나의 코칭으로 인해 현재보다 더 나은 미래의 모습으로 학생들이 변화할 것에 믿음을 가져야지요. 코치로서 기본적인 마음가짐을 다지면서 학생들의 태도와 습관에 긍정적인 영향을 줄 준비를 할 필요가 있습니다.

이 불성실 문제의 원인은 크게 세 가지로 나눠 볼 수 있겠습니다. 낭독 연습을 대하는 아이의 태도가 문제인가 아니면 낭독 연습하는 습관의 문제인가 또는 현재 아이의 학습 환경에는 문제가 없는지 원인 분석을 해볼 필요가 있습니다. 부득이한 사정이 아닌 이유로 불성실하게 낭독 연습을 하거나 숙제를 제출하지 않았을 때 우선 공감적 경청 스킬을 이용하여 아이가 낭독을 어떻게 생각하는지, 어떤 형태로 연습을 하고 있는지 일단 잘 들어볼 필요가 있습니다. 낭독 연습을 대하는 태도에 문제가 있다고 판단되면 낭독 훈련의 취지와 효과에 대해 좀 더 이해를 시키는 것이 좋습니다. 게으르거나 굼뜨게 행동하는 등 낭독 연습을 하는 습관에 문제가 있다면 꾸준히 연습하는 습관 형성에 대해 해결책을 같이 찾아봐야 할 것입니다.

낭독 훈련이 싫다고 그만두려고 할 때

가끔 낭독 활동 자체를 싫어하는 경우가 있습니다. 그냥 눈으로 책 읽는 것만 좋아하고 말하는 걸 싫어해서 처음에 좀 하는가 싶더니 그냥 그만두려고 합니다. 이렇게 중간에 포기하려는 아이의 경우에 어떻게 대처하면 좋을까요?

〈코칭 포인트〉

책 내용을 알려고 낭독 연습을 하는 것이 아님을 잘 이해시켜야 합니다. 독서 활동은 다른 시간에 충분히 할 수 있다고 설명해야 합니다. 이런 아이는 책을 좋아하고 많이 읽는 편이라 논리가 강할 수 있으므로 논리적으로 납득을 시키는 것이 좋습니다. 노래를 잘하려면 목이 터져라 연습을 해야만 하고, 수영을 잘하려면 물속에 들어가지 않을 수 없고, 자전거를 잘 타려면 무릎을 다쳐가면서 자전거 위에서 페달을 밟아야 한다고 논리적으로 설명을 해줍니다. 영어 스피킹도 마찬가지인데 잘하기 위해서는 우선 큰 소리로 따라 말하는 과정을 거쳐야 한다고 차분하게 설명해 이해를 시켜야만 합니다.

가끔 수학이나 과학 분야에 두각을 나타내는 아이들 중에 영어를 싫어하는 경우가 있습니다. 영어가 언어 학습이다 보니 반복 숙달이 강조되는데 그런 아이들은 창의성이 강하여 반복연습에 거부감을 나타낼 수 있거든요. 낭독 연습도 반복 숙달 측면이 강하므로 이런 경우에는 낭독 코치의 지혜가 필요합니다. 낭독 연습 과정에 약간의 변형 요소를 추가하여 지루함을 덜면서도 반복 효과가 나타날 수 있도록 해주는 것이 좋습니다. 개인마다 성향이 다르니 일반화된 모델을 제시하는 것보다 낭독 훈련 커뮤니티 등에서 개별적으로 소개되는 여러 아이디어들을 참고하시는 것도 좋겠습니다.

「낭독 코치 플래너」를 활용한 학습 관리 매뉴얼

한 아이가 아장거릴 적에 하도 이 닦기를 싫어해서 엄마가 고생을 많이 했답니다. 대여섯 살이 될 때까지도 자기 전에 녀석 꽁무니를 쫓아다니며 이를 닦이느라 밤마다 작은 전쟁이 벌어지곤 했고요. 초등생이 된 아이가 저녁을 먹고 스스로 이를 닦는 것을 보고는 주변 사람이 "이제 혼자서도 이를 닦네. 그렇게 엄마 애를 먹이더니. 어떤 계기로 혼자 할 수 있게 됐니?"라고 물으니 아이가 "그냥 이 안 닦고 자면 찝찝해요"라고 했답니다.

이 닦는 것이 습관이 되면 이를 닦지 않는 것이 어색하고, 괴롭듯이 낭독 코칭의 목표는 자율성의 발생에 최대한 초점을 두는 것이 좋습니다. 반복적인 낭독 훈련이 강압적인 방법으로만 지속된다면 훈련 효과적인 면뿐만 아니라 코칭 활동 자체도 계속 버거운 상태가 됩니다. 각 개인마다 처한 상황이 달라 일반화된 자율성 촉진 방법 개발이 힘들 수 있습니다. 하지만 매주 낭독 훈련을 해 나갈수록 코치의 개입 정도가 서서히 줄어들고 학생 스스로 낭독 훈련을 실행해 나갈 수 있는 자율성을 형성시켜야 하지요. 항상 이 점을 염두에 두면서 코칭 활동을 해 나가야 합니다.

학생의 자율성 달성에 대한 실마리는 바로 '가랑비에 옷 젖는다'는 말에서 찾을 수 있을 것입니다. 양적 축적이 질적 전환을 이루어 내는 대원칙 아래 긍정적 피드백과 교정적 피드백을 번갈아 사용하는 것이 좋습니다. 초기에 긍정적 피드백의 양을 충분히 제공하여 신뢰 관계를 구축해야 합니다. 그래야 학생 마음에 계속 낭독 훈련을 하는 것이 기분 좋은 일이라는 인식을 심어줄 수 있으니까요. 그 후 미래 지향적인, 즉 더 잘하려면 어떻게 하는 것이 좋은지 교정적 피드백을 추가하여 학생의 편에 서서 발전을 이끌어 줄 수 있도록 합니다. 이렇게 강요나 타율 없이 수강생의 자율적 낭독 훈련과 함께 숙제를 제때 해 내는 방향으로 끊임없이 유도를 해야만 합니다.

무엇보다 중요하게 깨달을 점은 첫 1, 2주는 마지막 1, 2주라고 생각해야 합니다. 초기 1, 2주의 코칭에 최대한 역량을 발휘해야 합니다. 그래야 신뢰 관계 구축뿐만 아니라 낭독 훈련의 자율성이 촉진될 가능성이 높습니다.

영어 낭독 훈련을 코칭하기 위해 필요한 관리 일지 등이 필요하면 네이버 카페〈영어 낭독 학교(cafe.naver.com/read2speak)〉를 참고하세요. 「낭독 코치 플래너」를 활용한 학습 관리에 대한 자세한 설명이 있으니까요.

영어 낭독 훈련에 답이 있다

저자 | 박광희 · 심재원
초판 1쇄 발행 | 2009년 12월 28일
초판 16쇄 발행 | 2014년 4월 7일

발행인 | 박효상
편집장 | 강성실
기획 · 편집 | 박운희, 박혜민, 박문정
디자인 책임 | 손정수
편집 진행 | 강현옥
디자인 | Style 統攝
마케팅 총괄 | 이종선
마케팅 | 이태호, 이전희
디지털콘텐츠 | 이지호, 김정숙
관리 | 남채윤

종이 | 월드페이퍼
인쇄 · 제본 | 현문자현

출판등록 | 제10-1835호
발행처 | 사람in
주소 | 121-839 서울시 마포구 양화로11길 14-10(서교동 378-16) 4F
전화 | 02) 338-3555(代)   팩스 | 02) 338-3545
E-mail | saramin@netsgo.com
Homepage | www.saramin.com

:: 책값은 뒤표지에 있습니다.
:: 파본은 바꾸어 드립니다.

ⓒ박광희 · 심재원 2009
ISBN 978-89-6049-146-5 13370

사람이 중심이 되는 세상, 세상과 소통하는 책 **사람in**

영어 회화 훈련 1, 2

심재원, Danton Ford 지음
1권 15,000원 / 2권 15,000원(각 CD 1장 포함)

박광희 · 심재원 지음

영어
낭독 훈련에
답이 있다

별책부록 | **영어 낭독 훈련용 스토리텔링 스크립트**

MP3 파일 다운로드
사람in 홈페이지(www.saramin.com)
네이버 카페 〈영어 낭독 학교(cafe.naver.com/read2speak)〉

사람in

별책부록 영어 낭독 훈련용 스토리텔링 스크립트

〈한국인에게 꼭 맞는 스피킹 방법론〉

Shadow Speaking
낭독을 통해 유창한 발음 및 문장 리듬감 습득

Guided Speaking
암송을 통해 실전에 사용할 수 있는 문장 저축

1:1 Speaking

- 《영어 낭독 훈련에 답이 있다》의 별책 부록으로 위 Shadow Speaking과 Guided Speaking을 통합해 연습할 수 있는 스토리텔링 스크립트를 제공합니다.
- 명작 동화 및 소설을 소재로 한 영문 스크립트는 캐나다의 현직 영어 교사가 직접 작성하고, 전문 성우가 녹음하였습니다.
- 원어민의 MP3 녹음 자료는 사람in 홈페이지(www.saramin.com)와 네이버 카페 〈영어 낭독 학교(cafe.naver.com/read2speak)〉에서 다운로드 받으실 수 있습니다.
  MP3 ⬇ 1-01 은 오디오 파일이 있음을 의미하며, 숫자는 다운로드 받으실 파일의 번호입니다.
- 영어 낭독 훈련 실천 다이어리(별책 38쪽 참고)를 작성하면서 꾸준히 실천해 보세요. 실천 다이어리의 양식은 네이버 카페 〈영어 낭독 학교〉에서 다운로드 받으실 수 있습니다.

차례

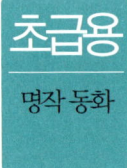
초급용 명작 동화

01 The Ant and the Grasshopper
02 The Town Mouse and the Country Mouse
03 The Lion, the Fox and the Beasts
04 The Hare with Many Friends
05 The Man, the Boy and the Donkey
06 The Little Match Girl
07 The Naughty Boy
08 The Leap-frog
09 The Happy Family
10 The Emperor's New Clothes

중급용 명작 소설

01 The Adventures of Tom Sawyer
02 Animal Farm
03 The Old Man and the Sea
04 A Christmas Carol
05 Don Quixote
06 Hamlet
07 Uncle Tom's Cabin
08 Romeo and Juliet
09 Robinson Crusoe
10 Les Miserables

초급용
명작동화

초급용 10편은 이솝우화와 안데르센 동화를 요약한 스토리텔링으로 구성했습니다. 쉽고 재미있으면서도 교훈이 있는 이야기들을 다른 이들에게 들려주듯이 자연스럽게 낭독하고 암송하는 연습을 해 보세요.
먼저 원어민의 녹음 파일을 큰소리로 따라 읽는 연습과 혼자 낭독해 보는 연습을 충분히 합니다. 익숙해졌을 때 녹음을 하여 원어민 발음과 비교해 보면서 내 발음의 문제점들을 하나씩 고쳐나가다 보면 어느새 유창하게 말하는 자신을 발견하게 될 것입니다.

01 The Ant and the Grasshopper

There's a grasshopper and he's playing all the time. On the other hand, an ant is working really hard. It's summer, and the grasshopper and the ant meet. The grasshopper says to the ant, "Come play with me!" And the ant says, "No. Winter's coming. I need to work!" So the ant keeps working, and the grasshopper goes off and plays. Later, when it's winter, the ant has lots of food, but the grasshopper is hungry.

개미와 베짱이

베짱이가 한 마리 있었는데 매일 놀기만 했대요. 한편 개미는 굉장히 열심히 일을 했지요. 여름에 베짱이와 개미가 만났는데, 베짱이가 개미를 보고 "나랑 같이 놀자"라고 말했어요. 개미는 "안 돼! 곧 겨울이 닥칠 거야. 일을 해놔야 해"라고 말하면서 계속 일을 했지만, 베짱이는 여전히 놀기만 했답니다. 나중에 겨울이 되자 열심히 일한 개미의 집에는 먹을 것이 가득했지만, 베짱이는 굶고 있을 수밖에 없었답니다.

The Town Mouse and the Country Mouse 02

The town mouse goes to visit his friend in the country. Now, the country mouse is happy to see his friend. He shares his food. But his food is really simple, and the town mouse doesn't like it much. So the town mouse says, "Hey, come to my house. There's delicious food." They go to the town together. In the house, on the table is lots of delicious food. They start eating. But suddenly, two dogs come running into the room and start barking at the mice. The mice run away. The country mouse is so scared that he just goes home. His food may be simple, but at least it's safe!

도시 쥐와 시골 쥐

도시 쥐가 시골 친구 집에 놀러 갔어요. 시골 쥐는 친구를 반가워하며 밥을 같이 먹었지요. 그런데 음식이 너무 초라해서 도시 쥐는 기분이 좋지 않았어요. 도시 쥐가 "우리 집에 가자. 맛있는 음식이 있어"라고 말하고는 같이 도시로 갔지요. 정말 도시 쥐의 집에는 탁자 위에 맛있는 음식이 넘쳤고 두 친구는 먹기 시작했어요. 그런데 난데없이 개 두 마리가 나타나 마구 짖는 거예요. 두 친구는 정신없이 달아났고, 너무 겁이난 시골 쥐는 시골 집으로 바로 돌아왔어요. 시골 음식이 간단하지만 그래도 최소한 안전하니까요.

03 The Lion, the Fox and the Beasts

There's a lion and he tells everyone, "I'm dying! Please come visit me!" And he goes into a cave. So a goat goes in to visit him. But the goat doesn't come out of the cave.

Then a sheep goes to visit him, and he doesn't come out. And then a calf goes in, and the calf doesn't come out. The fox doesn't go in. He just waits by the door. Finally, the lion seems better and he comes out. The lion says to the fox, "Why didn't you come visit me?" And the fox says, "I'll come visit you when the other animals come out!"

늙은 사자와 꾀 많은 여우
사자가 한 마리 있었는데 모든 동물들에게, "내가 죽어가니 한 번씩 찾아오너라"라고 말했어요. 그리고는 동굴로 들어갔습니다. 그래서 염소가 사자를 방문했는데 동굴 밖으로 나오지 않았어요. 그 다음 양이 사자를 방문했고 역시 나오지 않았답니다. 송아지도 들어가서는 나오질 않았고요. 그러자 여우는 들어가지 않고 그냥 문 옆에서 기다리고 있었습니다. 마침내 사자가 나와서는 여우에게 말했어요. "너는 왜 나를 찾아오지 않았느냐?" 그러자 여우는 말했어요. "다른 동물들이 다 나오면 그때 찾아뵙겠습니다."

The Hare with Many Friends 04

The hare has many friends. But one day, dogs are coming to chase her. So the hare goes to the horse and says, "Can you help me?" But the horse says he is busy. The hare goes to the bull and says, "Please help me!" But he's busy, too. She asks the sheep, but the sheep is too scared. She asks the calf but he says, "Everyone older is saying 'no'. So I can't." Finally, the hare knows she has to get away. She runs away, all by herself.

산토끼의 친구들

산토끼는 친구가 많았습니다. 그런데 하루는 개들이 산토끼를 마구 쫓아오는 게 아니겠어요. 그래서 산토끼는 말에게 달려가 "나를 도와줄 수 있겠니?"라고 물었죠. 그러나 말은 바쁘다고 말했어요. 산토끼는 황소에게 달려가 "제발 도와줘"라고 말했어요. 황소도 바쁘다는 거예요. 이번에는 양에게 물어보자 양은 너무 겁이 난대요. 다음으로 송아지에게 물었어요. 그랬더니 "어른들이 그냥 잠자코 있으래"라고 했어요. 마침내 산토끼는 깨달았어요. 자기 스스로 멀리멀리 도망가야 한다는 것을.

05 The Man, the Boy and the Donkey

A farmer and his son take their donkey to town. First, they walk with the donkey. But people think that's silly. Donkeys are for riding. When the boy rides, people think the boy is lazy. When the farmer rides, people think the farmer is lazy. They both ride the donkey and then people say, "Aw! Poor donkey!" So, what can they do? The farmer and the boy pick up the donkey and tie its legs to a pole. They walk into town carrying the donkey. Well, everybody laughs. The donkey gets so upset that he kicks free and falls over a bridge. But because his feet are tied, the donkey drowns.

아버지와 아들과 당나귀

농부와 그의 아들이 당나귀를 데리고 시내로 가고 있었어요. 처음에는 당나귀와 나란히 걷고 있었는데, 사람들이 바보 같다고 했어요. 당나귀는 타고 다녀야지 하면서요. 그래서 아들을 당나귀에 태우자 사람들이 아들을 보고 게으른 녀석이라는 거예요. 이번에는 농부가 당나귀를 타니까 농부를 보고 게으른 사람이라고 하고요. 그래서 두 사람 다 당나귀에 탔더니 사람들이 "아, 불쌍한 당나귀!" 이러는 거예요. 그래서 이번에는 당나귀 다리를 묶어 막대에 매달아 들고 갔지요. 그렇게 시내에 당도하자 사람들이 마구 웃는 거예요. 매달린 당나귀는 버둥대다가 그만 다리 아래로 떨어지고 말았어요. 발이 묶여 있었기 때문에 당나귀는 그대로 물속에 빠져 죽고 말았대요.

The Little Match Girl 06

The little match girl is freezing cold. She thinks, "I'll light a match. Just one!" So she lights it and in it she sees a beautiful dream. She thinks, "Just one more!" And the same thing happens. Then she lights a third match. And in the dream, she sees her grandmother. Her grandmother died a long time ago. She calls, "Grandma, don't go! Come back!" She lights all the matches. And her grandmother comes and takes her away to heaven. In the morning, the people find the little match girl. She has frozen to death.

성냥팔이 소녀

성냥팔이 소녀가 추위에 떨고 있었어요. 소녀는 생각을 했지요. "성냥불을 하나 붙이자. 딱 하나만." 그래서 성냥을 하나 켰는데, 그 불빛 속에 아름다운 꿈이 보이는 거예요. 성냥팔이 소녀는 "딱 하나만 더" 하면서 성냥을 켜니까 똑같은 일이 일어났어요. 소녀는 세 번째 성냥불을 켰고 그 꿈속에서 그녀의 할머니를 보았어요. 할머니는 오래전에 돌아가셨지요. 소녀는 "할머니, 가지 마세요. 돌아와 주세요" 하며 할머니를 불렀어요. 소녀는 성냥을 모두 켰고 할머니는 돌아와서 그녀를 데리고 하늘나라로 갔어요. 다음 날 아침, 사람들은 얼어 죽어 있는 작은 성냥팔이 소녀를 발견했대요.

07 The Naughty Boy

There's a terrible storm. An old man hears a knock on the door. He opens the door. There's a little, shivering naked boy outside. So the old man brings him in and feeds him. He says, "Your bow and arrows are ruined!" The little boy says, "Oh no, they're fine. See?" And he shoots an arrow right into the old man's heart. Then he laughs and runs out the door. The old man is so sad. He tells everybody, "Be careful of that boy Cupid! He pretends he is somebody else. And he sneaks up to people and shoots them!" You know what? Cupid shot your mother and father. He even shot your old grandmother! That was a long time ago, but people don't forget stuff like that!

장난꾸러기 큐피드
폭풍이 무섭게 치고 있었어요. 노인은 문에서 노크 소리를 들었지요. 문을 열자 거기에 발가벗은 작은 소년이 추위에 떨고 있는 거예요. 노인은 소년을 데리고 들어와서 밥을 먹여주었어요. 노인은 "네 활과 화살이 부서진 것 같구나."라고 말했어요. 그러자 그 작은 소년은 "아니에요. 보실래요?" 하면서 노인의 심장에 화살을 쏘고 말았어요. 소년은 웃으며 밖으로 달아났죠. 노인은 슬퍼하며 사람들에게 말했어요. "큐피드란 녀석을 조심하게. 다른 사람으로 위장해서 사람들을 속인다니까. 사람들 몰래 다가와선 화살을 쏜다네." 여러분, 이거 아세요? 큐피드가 여러분 엄마와 아빠도 쐈다는 것을. 심지어 할머니도 쐈지요. 아주 오래 전의 일이지만 사람들은 그런 일은 잘 잊어버리지 않지요.

The Leap-frog 08

The flea, the grasshopper and the leap-frog have a contest. The king says the highest jumper can marry the princess. The flea jumps first. He jumps so high that nobody can see where he jumped. So everybody says, "No, you cheated. You didn't jump at all!" Then the grasshopper jumps. He jumps only half as high. But he jumps into the king's face, and the king isn't very happy. Then everybody waits, and they wait, and they wait.

And they think the leap-frog isn't going to jump. But then finally, he does jump! But the leap-frog doesn't jump very high. He jumps right into the princess's lap. The king is delighted. He says, "That was a good jump and a wise one!" So, the leap-frog gets to marry the princess.

높이뛰기 왕, 개구리

벼룩과 메뚜기, 그리고 개구리가 시합을 벌였어요. 왕은 가장 높이 뛰는 자를 공주와 결혼시키겠다고 했어요. 벼룩이 제일 먼저 뛰었지요. 그런데 너무 높게 뛰어서 아무도 벼룩이 어디로 뛰었는지 볼 수 없었어요. 그래서 사람들은 "너, 속임수를 썼지. 아예 뛰지도 않았으면서"라고 했어요. 이번에는 메뚜기가 뛰었어요. 벼룩이 뛴 것보다 반 정도만 뛰었지요. 하지만 그만 왕의 얼굴에 뛰어 올라가 왕이 기분이 나빠졌어요. 개구리 차례가 되어 사람들은 기다렸죠. 한참을 기다렸는데 개구리가 가만있는 거예요. 사람들은 개구리가 안 뛸지도 모른다고 생각했어요. 하지만 마침내 개구리는 뛰었고 별로 높이 뛰지도 않고 공주님의 무릎에 사뿐히 앉는 거예요. 왕은 그걸 보고 기뻐하며 말했어요. "그것 참 훌륭하고 현명한 점프구나." 그래서 개구리는 공주님과 결혼할 수 있었답니다.

09 The Happy Family

In a garden lived some white snails. In fact, the garden was their garden. Many years ago, there were lots of white snails in the garden. But one by one, the snails were taken to the human's house. None of the snails knew why. But actually, the humans ate them! Now, only one white snail and his wife are left. They have no children. So the snails decide to adopt a baby snail. He is not a white snail, but they love him. He grows, and the couple thinks, "Now he needs a wife." They find one at the end of the garden. It's a good match and the young couple is happy. They all live in the garden and they tell how it was planted just for them.

행복한 달팽이 가족

정원에 흰 달팽이 몇 마리가 살았대요. 정원은 달팽이들의 것이었죠. 오래전에는 달팽이가 수도 없이 많았는데 한두 마리씩 사람이 사는 집으로 잡혀 갔어요. 달팽이들은 그 이유를 잘 몰랐지요. 사실은 사람들이 달팽이를 먹어버렸던 거예요. 이제 달팽이 부부만 남았는데 이 부부에게는 아이가 없었어요. 그래서 아기를 입양하기로 했지요. 아기 달팽이가 흰 달팽이는 아니었지만 부부는 그를 매우 사랑했습니다. 아기 달팽이가 자라자 부부는 "이제 결혼을 시켜야겠어" 하고 생각하고 정원 끝에서 살고 있는 달팽이와 결혼을 시켜 아주 행복했어요. 그들은 그 정원에 모두 모여 함께 살았고, 그 정원이 얼마나 안성맞춤인지 얘기하곤 했대요.

The Emperor's New Clothes 10

A long time ago lived an emperor. The emperor loves clothes. One day, two men come to see him. They say they make the most beautiful, magic clothes. Only smart people can see them. Other people can't. So the emperor pays the men lots of money to make the clothes. Everyday the emperor sends someone to see the clothes. Nobody can see anything. But everybody pretends. They don't want to look stupid. Finally, the clothes are ready. When the emperor goes to try them on, he can't see anything, either! But he pretends, too! The men leave. The emperor puts on his new 'clothes' and he goes out in the street. But on the street, a little child says, "The emperor isn't wearing any clothes!" And everybody knows they've been tricked.

벌거벗은 임금님

옛날에 한 임금님이 살았대요. 그 임금님은 멋진 옷을 너무 좋아했는데, 하루는 두 사람이 찾아왔어요. 그들은 가장 아름답고 마술 같은 옷을 만들 수 있는데 오직 똑똑한 사람 눈에만 보이고 다른 이들은 볼 수 없다고 했어요. 그래서 임금님은 그런 옷을 만들어 보라고 큰돈을 지불했지요. 매일 임금님은 신하를 보내서 옷 만드는 걸 보게 했어요. 아무도 옷을 볼 수 없었지만 모두 옷을 본 척했어요. 바보로 보이고 싶지 않아서요. 마침내 옷이 준비가 되어 임금님이 그 옷을 입어 보러 갔지만 임금님도 옷을 볼 수가 없었어요. 하지만 임금님은 옷을 본 것처럼 행동했고 그 두 사람은 떠나버렸어요. 임금님은 그 새 옷을 입고 거리로 행차를 했는데 꼬마 하나가 소리쳤어요. "임금님이 벌거벗고 있다!" 그러자 모든 사람들이 속았다는 것을 알아차렸어요.

중급용
명작 소설

중급용 10편은 고전 명작 소설을 엄선해 요약한 스토리텔링 스크립트입니다. 마크 트웨인의 '톰 소여의 모험' 부터 셰익스피어의 '햄릿' 까지 작품성 높은 이야기들을 머릿속에 그려보며 낭독을 해 보세요.

초급보다는 조금 더 빠른 속도로 영어 리듬 감각을 살려 낭독할 수 있도록 연습해 보세요. 원어민의 MP3 녹음 자료와 비교해 가면서 거의 비슷하다 싶을 때까지 반복 연습해 보세요.

01 The Adventures of Tom Sawyer

Tom is a mischievous boy and he often gets in trouble. One night, Tom sneaks out of the house and meets his friend, Huck. They go to the graveyard. They see men digging and arguing. One man kills another man, and Tom and Huck run away. They're too afraid to tell what they saw. Finally, Tom tells what he saw, but the murderer gets away.

Later, Tom is having problems with his girlfriend. He decides he's going to run away with some friends. When the boys don't come home, the town thinks they've drowned. And then, right in the middle of their funeral, Tom walks into the church!

Near the town, there's a famous cave with many tunnels. It's easy to get lost. But Tom goes in. In the cave, Tom sees the murderer. He was hiding there, and he has treasure!

Tom gets away, but he gets lost in the tunnels. Tom finally finds a way out, but the murderer gets trapped inside. He dies in the cave. Later, Tom and Huck go back into the cave and get the treasure. Of course, now they're very, very rich!

톰 소여의 모험

말썽쟁이 톰은 잦은 문제를 일으키는 소년입니다. 벽에 페인트를 칠하는, 자신은 하기 싫고 재미없는 일을 아주 재미난 일인 양 꾸며서 다른 아이에게 사과를 얻어먹기도 합니다. 동굴의 보물을 찾아 나서기도 하고, 그의 친구 허크와 해적놀이를 하기도 합니다. 또 한 남자가 다른 사람을 죽이는 것을 보고는 그 사건에 개입해 범인을 체포하기도 합니다. 미국 작가 마크 트웨인의 소설인, 톰 소여의 모험 속에는 소년들을 설레게 하는 이야기들로 가득합니다.

02 Animal Farm

There is a farmer, but the farmer isn't a good farmer. Some pigs are smart and they tell the other animals, "Let's take the farm." One day, they do. They fight the farmer and the farmer runs away. They rename their farm "Animal Farm."

At first, things are very good. Two pigs are the leaders and they tell everyone, "People are bad, but all animals are good." And then the pigs have a fight, and one pig is chased away. Now they have one leader pig. His name is Napoleon and he starts to change things. He makes the other animals work hard, but he doesn't. He starts doing human things: walking on two feet, wearing clothes and living in the farmhouse. And if you say anything he doesn't like, you die.

Time passes and Napoleon becomes more and more like a person. One day, he invites a neighbor farmer over to the farmhouse. All the other animals are outside, and they see Napoleon and the farmer drinking and playing cards at the table. And they can't tell anymore who's an animal and who's a human.

동물농장

어느 농장의 동물들이 몇몇 똑똑한 돼지들을 앞세워 나쁜 농부를 쫓아내고 자신들만의 농장을 만듭니다. 그들은 농장의 이름을 '동물 농장'이라고 지었고, 처음에는 평온하기만 합니다. 그런데 얼마 안 가 리더인 돼지만이 특권을 누리게 됩니다. 돼지 리더인 나폴레옹은 다른 동물들을 착취하기 시작합니다. 시간이 지나면서 나폴레옹의 독재 체제는 더욱 강화되고, 그는 점점 더 사람처럼 변해간다는 이야기입니다.
이 작품은 영국 작가 조지 오웰의 우화 형식으로 된 정치 풍자 소설입니다.

03 The Old Man and the Sea

Santiago is an old fisherman but he's unlucky. He hasn't caught a fish for a long time. But he has a friend, a young boy.

One day, Santiago thinks, "I must catch fish. Tomorrow I will go far out." And the next morning, he gets up early. He gets his boat and he goes far, far out. And he catches a marlin, the biggest he's ever seen. It's so big he can't pull it in. And the fish begins to pull the boat, but the old man will not let go. He wraps the fishing line around his body and he waits.

Finally, on the third day, the marlin comes up and the old man kills it. It's so big, he can't pull it into the boat. So, he ties it onto the side and he heads back to shore. But the fish leaves blood in the water, and sharks smell the blood and start to eat the marlin. The old man tries to fight off the sharks, but there's too many. They eat the whole thing. They leave just the skeleton. Santiago goes home.

The next morning, a big crowd gathers around the boat. People are amazed at the skeleton because it's huge! The boy comes and he looks for Santiago. And when he finds Santiago, he's so happy, he cries. They decide that from now on they will fish together.

노인과 바다

쿠바 산티아고의 노인이 84일 동안이나 먼 바다까지 나가 낚시를 하지만 물고기 한 마리도 낚지 못합니다. 85일째 되는 날 드디어 거대한 물고기, 청새치를 낚아 배에 매어 끌고 항구로 돌아오는데, 상어가 나타나 그 물고기를 노립니다. 노인은 상어 몇 마리를 죽이고 항구로 돌아와 보니 또 다른 상어들이 그 물고기를 다 뜯어먹고는 머리와 뼈만 남았다는 이야기입니다.

미국 작가 어니스트 헤밍웨이의 장편소설로 1954년 노벨문학상까지 받게 된 계기를 만들어 준 작품입니다. 낚시가 취미였던 작가의 해박한 지식이 담겨 있습니다. 또 헤밍웨이가 갖고 있던 인간의 존엄성에 대한 실존철학이 담긴 작품이라는 평을 받고 있습니다.

04 A Christmas Carol

Scrooge is a miser. He has lots of money but he hates spending it. He has a man working for him, named Cratchit, and Scrooge complains because Cratchit wants a holiday tomorrow, on Christmas Day. His nephew comes and invites Scrooge to a Christmas party. When his nephew says "Merry Christmas!," Scrooge is angry. That evening, Scrooge goes home and he sees a ghost.

The ghost says, "You're going to have three visitors. Listen to them!" Scrooge falls asleep. The first visitor comes and it's the Ghost of Christmas Past. He reminds Scrooge that a long time ago a woman loved him. But she left because Scrooge loved money too much.

The second visitor is the Ghost of Christmas Present. He shows Scrooge Cratchit and his family. They don't have enough money, but they try to have a good Christmas, anyway. Then the ghost shows Scrooge the party he was invited to, and it's fun!

Finally, the last ghost comes – the Ghost of Christmas Yet to Come. He shows Scrooge that somebody very rich has died. Some people are happy because the person was so mean. Scrooge keeps asking, "Who? Who is this person?" The person is Scrooge! He begs, "Let me change! Let me change!" And he wakes up.

So Scrooge sends a big turkey to Cratchit's house and he goes to the Christmas party. And he totally changes. In the years after, he stays generous and kind.

크리스마스 캐럴
주인공인 스크루지는 인정이라고는 손톱만치도 없는 구두쇠입니다. 그런 그가 크리스마스 전날 밤 유령을 만나 자기의 과거와 현재 그리고 미래의 모습을 보고 나서 자신의 죄를 뉘우치고 온정 넘치는 마음을 갖게 된다는 이야기입니다.
영국 작가 디킨스의 소설로 해마다 한 편씩 발표해 총 5편의 이야기가 묶인 《크리스마스 이야기》 중 첫 번째 이야기입니다.

05 Don Quixote

Don Quixote is a man who loves to read books about chivalry. He reads so many books about it that he forgets to eat and sleep. And, he starts to lose his mind. He starts living in a dream world. And he believes that he should be a knight.

One day, he takes his old horse and he rides out. He comes to an inn, but he thinks it's a castle. He makes the innkeeper, who he thinks is a king, make him a knight. Then he goes home.

The next time he rides out, he takes a servant, Sancho. Sancho is poor, and Don Quixote promises to give him an island. So, Sancho goes with him. But Don Quixote lives in a dream world, and what he thinks and what is are very different. Sometimes he "finds" something, but really he steals it. Sometimes he "helps" people but really he hurts them. He often gets in trouble. Sancho tries to protect him, but there is not much he can do. Finally, two friends come to take Don Quixote home. That's the end of Book One.

Book Two is ten years later. People know about Don Quixote now, and they play tricks on him. They make him go on many adventures that they know are not true. But Don Quixote, he believes (that) they are real adventures. He is often hurt and he doesn't understand why. Finally, a friend dresses up as a knight. Don Quixote and the knight fight, and the other knight wins. So, Don Quixote goes home. He gives up being a knight and soon after, he dies.

돈키호테

에스파냐 라 만차 지방의 한 시골 귀족 노인이 기사 이야기에 빠져 이성을 잃고 자신을 정의의 기사로 착각하고 일으키는 에피소드들을 다루고 있습니다. 낡은 갑옷을 입고 늙은 말과 함께 모험을 시작한 돈키호테는 가는 곳마다 사람들에게 봉변을 당하기도 하고, 웃음거리가 되지만 그 스스로는 자신이 정의로운 행동을 하고 있다고 생각합니다. 3차에 걸친 여행 끝에 돈키호테는 자신의 어리석음에 눈을 뜨고 고향으로 돌아와 조용히 시골 노인으로 살다가 병상에서 눈을 감는다는 이야기입니다.
에스파냐 작가 세르반테스의 풍자소설입니다.

06 Hamlet

Hamlet is a prince and he's been away. And while away, his father, the king, has died, and his mother has remarried. She married his uncle. So, Hamlet comes home.

The guards come to him and say, "Hamlet, we've seen a ghost!" So he goes and sees the ghost, and the ghost talks to him. The ghost says he is his father, and that Hamlet's uncle murdered him. Now Hamlet doesn't know whether or not to believe him.

He is in such a dilemma, he even thinks about committing suicide. He says, "To be or not to be, that is the question." He decides to make a test for his uncle. Some people come to put on a play. In the play, they murder somebody and when that happens, Hamlet's uncle jumps up – and he leaves the room. Hamlet thinks, "Ah! The ghost is right. My uncle did kill my father!" He goes to tell his mother but his mother won't believe him. And, while they are talking, Hamlet hears somebody behind the curtain and he thinks it is his uncle. So, he stabs the person. But then he realizes, "Oh, it's an innocent man!"

The man Hamlet killed by accident, his son comes and says, "I'll kill Hamlet for killing my father!" The man takes a sword and poisons the tip of it. The king decides that if the man doesn't kill Hamlet, he will. So he puts poison in a cup, for Hamlet to drink. But the queen picks up the poisoned cup and drinks it. Of course, she didn't know it was poison. Then Hamlet and the man fight and Hamlet is hurt by the poisoned sword. They keep fighting, but they switch swords and the man is hurt. And when Hamlet realizes he is dying, the man he's fighting is dying and his mother is dead, he kills his uncle. And everybody dies.

햄릿

햄릿은 덴마크 왕가의 왕위 계승을 둘러싼 유혈 사태를 소재로 다루고 있습니다. 덴마크를 배경으로 자신의 아버지인 왕을 죽이고, 어머니와 결혼한 삼촌 클라우디우스에게 복수하는 과정을 다룬 비극적인 이야기입니다. 햄릿은 셰익스피어 4대 비극 중 하나로 그가 쓴 희곡 중 가장 긴 작품이고, 다양한 해석이 가능한 작품입니다. 최근에도 끊임없이 재해석되어 연극으로 공연되고 있습니다.

07 Uncle Tom's Cabin

Uncle Tom is a slave and he has lived with the same family for many, many years. The little boy in the family loves Uncle Tom but the father has debts, so he decides to sell Uncle Tom and one of the slave children. The mother of the slave child – Eliza – finds out. She decides to run away with her son. Eliza tries to convince Uncle Tom to go with her, but Uncle Tom says no. So she leaves. There are people after her, but she gets to a house, a safe house, where people are against slavery. They help her. Eliza also meets her husband there.

Meanwhile, Uncle Tom is sold. But he gets to know a little girl named Eva. Eva almost drowns and Uncle Tom saves her. So she convinces her dad to buy Uncle Tom, and he does. Eva's wonderful. But then, she gets sick. She gets her father to promise to free Uncle Tom, and then Eva dies. But, before her father lets Tom go, he dies, so Uncle Tom stays a slave.

Tom's sold again, and this man is cruel. Life becomes awful. The new owner hates Tom, because Uncle Tom won't beat the other slaves. So instead, the owner beats Tom. In fact, he beats him so bad that Uncle Tom is dying. Just before he dies, the son of Tom's first owner comes. He wants to buy Tom back and give him his freedom, but he's too late. Uncle Tom dies. Afterwards, he goes home and he frees all his slaves. And the other slaves, Eliza and her family, they finally go all the way to Africa, and they live there.

엉클 톰의 오두막집

켄터키 주의 셀비는 마음씨 좋은 사람이었지만 사업에 실패한 후 빚을 갚기 위해 노예 톰과 그의 다섯 살 난 아들을 노예 상인에게 팝니다. 톰의 아내는 도망쳐 무사히 캐나다에 당도했고, 톰은 팔려가는 도중 같은 배에 탄 승객 에바의 목숨을 구하게 됩니다. 이 인연으로 에바의 아버지 어거스틴이 톰을 사게 되어 한동안 행복한 나날을 보냅니다. 그러나 에바와 그의 아버지가 연이어 죽고 냉혹한 시몬에게 팔려간 톰은 목화밭에서 혹사당하다 원 주인의 아들이 그를 다시 사려고 찾아오기 직전에 사망한다는 이야기입니다.

미국 작가 스토의 장편소설로 흑인 노예의 비참한 생활을 목격하고 쓴 작품으로 당시 미국 내에서도 큰 반향을 불러일으켰습니다. 노예제도 폐지에도 큰 영향을 끼친 소설입니다.

08 Romeo and Juliet

The family of Romeo and the family of Juliet hate each other. But, Romeo goes to a party and at the party he sees Juliet. He doesn't know who she is, and he falls in love. Juliet doesn't know who he is, either, and Juliet falls in love, too. Later, they both realize, "Oh, he's Romeo!" "She's Juliet!" But they're in love, so they decide to secretly get married. The next day, a priest marries them.

But later that day, Romeo kills a man from Juliet's family. The prince of the town is so angry, he makes Romeo leave the city – forever. But Romeo sneaks back to see Juliet. Then in the morning, he leaves.

Now that morning, Juliet finds out that she's going to get married, but she can't tell anybody that she's already married. So she goes to the priest who married her and Romeo. He gives her a special potion. If you drink it, you look like you're dead, but you're really not. Juliet will drink it. And they'll send a message to Romeo so he'll know the truth.

Juliet drinks the potion and everybody thinks she's dead. But Romeo never gets the message. He goes to her tomb, sees her, and then he drinks poison. Juliet wakes up and she sees Romeo. So she kisses his lips, to get the same poison. Just then, everybody comes in. They find Romeo and Juliet both dead, and the priest tells what happened. The fathers agree they'll never fight again. Peace finally comes to the city.

로미오와 줄리엣

이 작품은 몬태규와 캐풀릿가라는 두 원수 가문에서 태어난 로미오와 줄리엣이 서로 사랑하게 되고, 그들의 비극적인 죽음이 가문을 화해하게 만든다는 이야기입니다.

로미오와 줄리엣(Romeo and Juliet)은 윌리엄 셰익스피어가 쓴 초기 작품으로 비극적인 이야기를 다룬 희곡입니다. 아름다운 대사와 극적인 효과로 많은 호평을 받은 작품으로 여전히 가장 많은 공연을 하고 있는 작품 중 하나입니다.

09 Robinson Crusoe

When Robinson Crusoe is a young man, he goes to sea. And one day there's a huge storm. The ship is destroyed and Crusoe is the only person who survives. He finds himself on an island and bit by bit, he starts to make a life. He finds food, he gets a few animals for pets; and he finds goats and has milk and cheese. He builds two houses, makes his own clothes and plants crops. He's lonely but he lives.

For years he doesn't see anyone. But then he sees a pile of bones and he realizes cannibals use the island. And one day, he sees a boat. It's the cannibals! They have captives and one of the captives starts to run. Crusoe saves the man and he names him 'Friday.' Friday's island doesn't have enough food, so they plan to go there and bring Friday's people to the new island. But before they leave, the cannibals come back. Crusoe and Friday kill them, and rescue the captives. One man is Friday's father!

Now they decide the rescued men will go to the island and bring the people back. Crusoe and Friday will wait for them. So the men leave, but before they come back, another boat, an English ship, comes. This boat also has captives. One of the captives tells Crusoe that he is the captain. But some of his men captured him and now they control the ship. Crusoe and the captain kill the bad men and the captain takes the ship again.

Some of the sailors chose to stay on the island and others sail back to England. Crusoe and Friday return to England with them.

로빈슨 크루소

로빈슨 크루소는 모험을 위해 바다로 항해를 나섰다가 배가 부서지면서 무인도에 도착합니다. 이 무인도에서 혼자 살아가면서 탈출을 위한 배를 만들게 되지요. 그 중간에 노예로 팔려가던 프라이데이를 구출하여 하인으로 삼고, 무인도로 찾아든 영국의 반란선을 진압해 선장을 구출하여 28년 만에 집으로 돌아온다는 이야기입니다. 이 소설은 영국 작가 다니엘 디포가 썼는데, 주인공인 로빈슨 크루소가 무인도로 가게 된 일부터 28년 만에 무인도를 탈출해 집으로 돌아오는 이야기까지의 사건을 다룬, 로빈슨 크루소의 자서전 형식으로 구성되어 있습니다.

10 Les Miserables

Jean Valjean spends nineteen years in prison for stealing bread. After he gets out, he changes his name. No one must know he was in prison! He opens a factory and he does really well.

One of the ladies in his factory has a child, but she's not married. People find out and they make her leave. She becomes really ill, but Valjean finds her. He promises to take care of her little girl. But just then, a police inspector comes. He's found out who Valjean really is. The lady dies, and Valjean goes back to prison.

Then, Valjean escapes and he goes to find the little girl. Her name is Cosette and the family she's living with is not good. So Valjean takes her. They have to stay hidden but finally, they find a place to live. They live quietly and Cosette grows up.

She falls in love with a young man, Marcus. Valjean tries to keep them apart, but then Marcus gets hurt. When Valjean realizes that Cosette loves Marcus, Valjean saves his life, but Marcus doesn't know it. Marcus and Cosette are married but then, Marcus finds out who Valjean really is. He stops Valjean from seeing Cosette. Valjean is so upset and lonely, he gets sick. And then Marcus finds out that Valjean saved his life. He and Cosette rush to see Valjean. Valjean dies, but he dies happy.

레 미제라블

빵 하나를 훔친 죄로 19년 간 감옥살이를 마치고 나온 장발장에게 미리엘 주교는 하룻밤을 묵게 해 줍니다. 그러나 장발장은 주교의 은그릇을 훔쳐 도망가게 되고, 헌병에게 잡혀 주교 앞에 끌려오지만 주교는 자신이 준 것이라고 감싸주고는 은촛대를 더 주며 바르게 살라고 다독입니다. 주교의 사랑에 눈을 뜬 장 발장은 마들렌이라는 새로운 이름으로 재산을 모으고 출세하기에 이릅니다. 하지만 어느 경감은 끈질기게 그의 뒤를 쫓아다니다 다른 사내를 장 발장으로 오인해 체포하게 되는 사건이 생깁니다. 장 발장은 스스로 찾아가 사내를 구하고 감옥에 가게 되지만 이내 탈옥합니다. 장 발장은 그 후에도 여러 사람들을 돕고, 그가 도와 준 이들이 지켜보는 가운데 임종을 맞는다는 이야기입니다.
레 미제라블은 '불행한 사람들' 이라는 뜻인데, 프랑스 민중들의 비참했던 삶과 프랑스 시민혁명을 소재로 다룬 프랑스의 대문호, 빅토르 위고의 소설입니다. 우리나라에서는 '장발장' 이라는 제목으로 더 유명합니다.

영어 낭독 훈련 실천 다이어리

Name: _____
Date: _____

- 연습 내용
    1. 항목: 텔링   2. 제목:

- 연습 체크:

절차	활동	연습
내용 이해	받아쓰기 끊어 읽기(/) 확인 (※ 암송 카드 참조)	☐ ☐
낭독 훈련	STEP 1) 텍스트 보며 큰 소리로 오디오 따라 낭독하기 2) 텍스트 없이 큰 소리로 오디오 따라 낭독하기 3) 유창해질 때까지 혼자 큰 소리로 낭독하기	회 / 분 회 / 분 회 / 분
암송 도전	자료실 암송카드 활용, 텍스트 암송	☐
낭독 녹음	컴퓨터나 카세트테이프 녹음기로 낭독 녹음하기	☐

- 개선점/메모:
    1. 발음 관련 (※ PART 2 – Chapter 4. 영어 낭독 평가 참고)
        1) Phonetics(발성): _____
        2) Rhythm(리듬, 억양): _____
        3) Pause(끊어 읽기): _____

    2. 기타 사항

(이 양식은 네이버 카페 〈영어 낭독 학교(cafe.naver.com/read2speak)〉에서 다운로드 받으실 수 있습니다.)

영어 낭독 훈련용 스토리텔링 스크립트

저자 | 박광희 · 심재원
초판 발행 | 2009년 12월 28일

발행인 | 박효상

편집진행 | 강현옥
디자인 | Style 統攝
편집 | 김상호, 강성실, 정혜미
영업 | 이종선, 이태호, 이전희

출판등록 | 제 10-1835호
발행처 | 사람in
주소 | 121-839 서울시 마포구 서교동 378-16
전화 | 02.338-3555(代) 팩스 | 02.338-3545
E-mail | esaramin@nate.com
Homepage | www.saramin.com

∷ 본 도서는 《영어 낭독 훈련에 답이 있다》의 별책 부록으로 비매품입니다.

ⓒ박광희 · 심재원 2009

ISBN 978-89-6049-146-5 13370

세계 명작 영어 낭독 훈련 리틀 스토리텔러 시리즈

장화신은 고양이 개구리 왕자 영리한 앨리스 여섯 마리 백조 행복한 가족 라푼젤 벌거벗은 임금님

빨간 모자 헨젤과 그레텔 운 좋은 한스 오누이 잭과 콩나무 늑대와 일곱 아기 염소

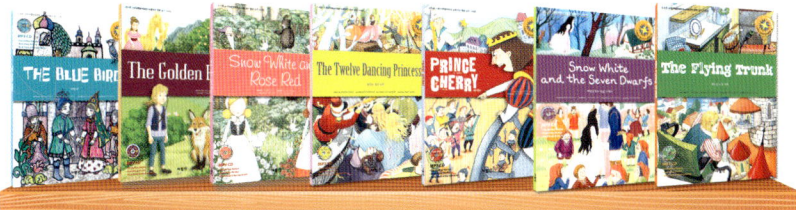

파랑새 황금새 하얀 눈과 빨간 장미 춤추는 열두 공주 체리왕자 백설공주와 일곱 난쟁이 하늘을 나는 가방

스스로 스토리텔링 해 보는 능동적인 세계 명작 영어 낭독 훈련

Little Storyteller 시리즈는 일차원적이고 수동적인 동화 읽기에서 벗어나 직접 입을 열고 스토리텔링 해보는 능동적이고 자기 주도적인 스토리북입니다.

의미단위로 소리내어 끊어 읽는 연습을 할 수 있게 본문에 끊어 읽기 표시(✔)와 강세 표시(●)가 되어 있습니다. 이를 활용하여 정확한 발음과 자연스러운 영어 리듬감, 의미단위 덩어리 표현을 가장 효과적으로 익힐 수 있습니다.

영어 낭독 훈련에 답이 있다

별책 부록 | 영어 낭독 훈련용 스토리텔링 스크립트

영어 낭독 훈련의 목적은
영어로 유창하게 말하기 위한
스피킹 기본기(펀더멘털)를 다지는 데 있습니다.
원어민과 회화를 시작하기 전에 반드시 갖춰야 할 스피킹 기본기,
영어 낭독 훈련을 통해 길러 보세요.

영어 낭독 훈련 Show & Tell 시리즈

박광희 • 캐나다 교사 영낭훈 연구팀 지음 | 대국판 | 16,000원(본책+코치 매뉴얼+CD 1)

- **1권** Picture Tell [사진 보고 설명하기]
- **2권** Tale Tell [동화 요약해서 말하기]
- **3권** Novel Tell [소설 요약해서 말하기]
- **4권** Solomon Tell [주제별 잠언 말하기]
- **5권** Topic Tell [주어진 주제에 대해 의견 말하기]
- **6권** Vegas Tell Ⅰ [라스베이거스 체험 여행 프레젠테이션 - Easy Version]
- **7권** Vegas Tell Ⅱ [라스베이거스 체험 여행 프레젠테이션 – High Version]

초등학생을 위한 **영어 낭독 훈련**

주니어 영어 낭독 훈련

박광희 · 캐나다 교사 영낭훈 연구팀 지음
각권 12,000원 (CD 1장 포함)

영어 낭독 훈련 실천다이어리

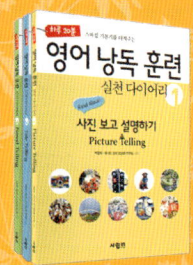

박광희 · 캐나다 교사 영낭훈 연구팀 지음
각권 10,600원 (CD 1장 포함)

주니어 영어 암송 훈련

박광희 · 캐나다 교사 영낭훈 연구팀 지음
1~4권 10,000원, 5~6권 11,000원 (CD 1장 포함)

중학생을 위한 **영어 낭독 훈련**

의미 단위로 듣고 낭독하며 문장 체화력을 극대화하는 훈련

영어 스피치 리딩 훈련 시리즈

 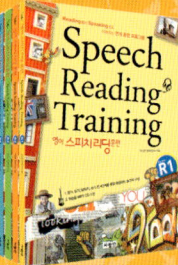 

Starter 1,2 | 각권 15,000원 / **Runner 1,2,3,4** | 각권 13,500원 / **Jumper 1,2,3,4** | 각권 13,800원
이지연 영어연구소 지음 (CD 1장 포함)